KB199438

기도로 꿈을 이룬

호텔 왕 힐튼

지은이 조채린

상명대학교 수학교육과를 졸업하고 경희대학교 대학원 국어국문학과와 한국방송
작가협회 〈드라마작가 양성과정〉을 수료했다. 한국경제 자동차신문 편집부 기자
를 거쳐 현재는 전업 작가의 길을 걷고 있다. KBS(R) KBS 무대(드라마) '춘향전을
패러디한 방자전' 극본을 집필했다.

지은 책으로는 『어머니, 당신은 희망입니다』(큰나, 2004),『사이버 문화, 하이퍼텍
스트』(국학자료원, 2005),『동학 농민 운동의 선봉장 전봉준』(랜덤하우스, 2006),
『세상에서 가장 쉬운 수학지도』(북스토리, 2010) 등이 있다.

기도로 꿈을 이룬
호텔왕 힐튼

발행일 2007년 11월 10일 초판 1쇄
      2007년 12월 25일 초판 2쇄
      2011년 12월 10일 개정판 1쇄

지은이 조채린
펴낸이 고영래
펴낸곳 (주)미래사

주소 서울시 양천구 목2동 543-10
전화 02)773-5680
팩스 02)773-5685
이메일 miraesa@paran.com
등록 1980년 12월 13일(제16-1153호)

기도로 꿈을 이룬 호텔 왕

힐튼

조채린 지음

미래사

CONTENTS

전 세계 76개국에서 540여 개의 호텔과 48만여 개의 객실 규모를 가진 힐튼 호텔을 모르는 이는 거의 없을 것이다. '힐튼'이라는 브랜드는 호텔제국의 대명사로 널리 알려져 있지만, 정작 창업주 콘래드 힐튼에 대해서는 기업가로만 알려져 있을 뿐, 그가 기독교인이었다는 사실은 그다지 알려져 있지 않다.

콘래드 힐튼은 어려서부터 아버지 상점에서 점원으로 일하면서 아버지로부터는 '일의 중요성'을, 어머니로부터는 '기도의 중요성'을 배웠다. 그는 크게 꿈꾸는 사람이었고, 기도와 성실함으로 그 꿈을 이루기 위해 열정을 가지고 도전한 사람이었다.

'넘어질 수는 있다. 그러나 주저앉을 수는 없다'는 말로 요약되듯이 그의 삶은 일생에 걸쳐 모험의 연속이었다. 이 모험에는 늘 근면함과 기도의 힘이 따라다녔다. 근면함과 기도는 힐튼 인생의 반석이자 삶을 지탱해주는 축이었고, 또한 그의 인생을 여는 열쇠였다. 그는 평생 기도를 쉬지 않았다. 그는 자서전에서 "지난 40년이 넘는 세월 동안, 타당한 이유 없이

주일 예배에 빠져 본 적이 한 번도 없었다. 나는 오늘날에도 날마다 교회에 가서 무릎을 꿇고 기도를 드린 후에야 하루의 일과를 시작한다"라고 했다. 하나님은 그에게 사업과 끈기와 성실함을 주셨다. 그는 여덟 살에 아버지 상점에서 점원 생활을 시작했고, 성공한 후에도 쉬지 않고 79세까지 일을 했다. 힐튼은 꿈과 열정을 가지고 일을 했지만 그가 겪은 것은 욥의 인내와 고난이었다. 50세가 넘은 후에는 재산을 많이 갖게 되었지만, 교만해지지 않고 검소함을 잃지 않았다.

이 책에는 사업가이자 크리스천으로서 성공한 호텔왕 콘래드 힐튼의 이야기가 담겨있다. 여기에는 그가 일생에 걸쳐 스스로를 발전시키기 위해 끊임없이 성찰하여 체득한 삶에서 얻은 지혜가 들어 있으며, 신앙인으로 사업에 어려움이 닥칠 때 기도하며 이겨낸 간증이 담겨 있다. 또한 우리의 삶을 변화시켜줄 교훈도 가득 담고 있다. 이 교훈은 누구나 자신의 삶을 들여다보면 쉽게 찾아낼 수 있는 것들이라서 더욱 놀랍다. 왜냐하면 그것은 우리 개개인의 삶 속에서 누구나 하려고만 하면 실천할 수 있는 것들이기 때문이다.

조채린

01. 당신만의 특별한 재능을 찾아내라

당신만이 지니고 있는 독특한 재능이나 천직을 찾는 것은
성공적인 삶의 첫 단계이다. 당신의 재능을 찾으려면 먼저
당신이 가지고 있는 것에서 발견하라. 그러나 재능을 찾으
려면 어느 정도 시간이 걸릴 수 있지만, 걱정하지 말라.

조지 워싱턴 대통령은 한때 측량 기사였으며, 서머싯
몸은 의과대학을 졸업했지만 작가가 되었다. 노먼 빈센트
필 목사는 여러 해 동안 신문 기자 생활을 했고, 알베르트
슈바이처 박사는 30세가 되기 전에 이미 신학자요 음악가
였으나, 성 토마스 신학대학의 학장직을 사퇴하고 의과대
학에 입학해서 의학을 공부하여 여생을 아프리카 원주민
의 병을 치료해주며 헌신적인 삶을 살았다.

02. 크게 생각하고 크게 행동하고 큰 꿈을 꾸어라

당신의 가치는 당신이 당신 자신을 어떤 사람으로 만드는

가에 달려있다. 나의 경험에 의하면, 대부분의 사람들이 실패하는 원인은 그들이 자기의 능력을 오판하거나 자기의 가치를 평가절하는 데 있다.

여기 평범한 5달러짜리 쇳덩이가 하나 있다. 이 쇳덩이의 가능성을 생각해본 적이 있는가? 이 쇳덩이로 말편자를 만들면 10달러짜리가 되고, 바늘을 만들면 3250달러짜리가 된다. 그리고 시계 속에 들어가는 용수철을 만들면 250만 달러짜리가 된다. 당신은 얼마만큼의 가치 있는 인간이 되기를 원하는가? 당신 스스로를 과소평가하지 말라. 당신은 무한한 가치, 무한한 가능성을 지닌 사람이다.

03. 언제 어느 순간에도 정직해라

정직이란 단순히 속이지 않는 것, 거짓말하지 않는 것, 혹은 훔치지 않는 것 그 이상의 것이다. 그것은 사적이든 공적이든 진실을 지키기 위해 공개적으로 과감히 일어서는 것이다.

내 어머니는 두 개의 명언을 좋아했다. 하나는 셰익스피어의 말이었는데, '너 자신에게 성실하라, 밤낮으로 그렇게 하라. 그러면 그대는 어떤 사람에게도 불성실할 수가 없다.'이고, 다른 하나는 월터 스콧 경의 말이었는데, '오, 얽히고설키는 거미줄이여, 처음 속일 때부터!'이다. 나는 평생 동안 진리를 말하는 사람보다 더 무서운 사람을 한 번도 본 적이 없다.

04. 열정을 가지고 살아가라

삶에 열정이 없다면 당신은 가치 있는 어떤 것도 얻을 수 없다. 당신은 먼저 능력을 가져야 한다. 능력을 크게 키우는 것은 열정이다. 열정은 막강한 힘이다. 그러므로 당신은 그것을 지혜롭게 다스리고 사용해야 한다. 그러면 당신은 계속 발전할 것이다.

런던의 53개 교회를 설계한 유명한 건축가 크리스토퍼 렌 경은 86세에 공직에서 은퇴한 후에 5년간 문학, 점성학, 종교학에 관해서 연구했고, 카토는 80세에 그리스 어를 공부했다. 플루타크도 거의 그 나이에 라틴어 공부를 시작했고, 베르디는 74세에 그의 위대한 오페라 「오텔로」를 썼고 80세에 「팔스타프」를 썼다. 이처럼 열정을 가지고 인생을 산다면 안 될 일이 어디에 있겠는가?

05. 재산이 당신의 주인이 되게 하지 말라

나는 큰돈을 모은 사람이다. 그러나 그것의 노예가 된 적은 한 번도 없었다. 성경에는 모든 악의 뿌리는 돈이 아니라 돈을 사랑하는 마음에 있다고 기록되어 있다. 성실한 사람이란 소유물을 성실하게 대하는 사람을 말한다. 돈을 갖거나 쓰거나 나누는 것은 나쁘지 않다. 그러나 당신이 돈 없이는 못사는 사람이라면 당신은 자유롭지 못한 사람이다.

우리는 입구가 작은 병 속에 있는 맛있는 열매를 꺼내기 위해서 그 속에다 손을 집어넣었던 눈치 없는 원숭이의 이야기를 알고 있다. 그 원숭이는 병 속에 있는 열매를 손에 쥐고 있기 때문에 손을 병 밖으로 뺄 수가 없었다. 원숭이와 똑같은 함정에 빠지지 않도록 조심하고 있는가?

06. 문제를 해결할 때 서두르지 말고, 인내를 가지고 대하라

성공적인 인생은 균형 있는 인생이다. 그것은 생각 · 행동 · 휴식 · 레크리에이션이 있는 인생을 의미한다. 삶의 기술자는 죽도록 일하지 않고, 지치도록 놀지도 않는다. 우리는 누구나 문제를 가지고 있으며, 문제가 생길 때는 해결책을 찾아야 한다. 균형을 유지하고 몸과 마음이 민첩해야만 해결책을 찾을 수 있다. 낮 동안 최선을 다했다면 해가 진후에 당신의 문제에 대해 걱정할 필요는 없다. 지금까지 걱정한다고 문제가 해결된 적은 내 경우 한 번도 없었다. 모든 문제를 해결해주는 것은 '기도와 생각과 행동'이다.

어느 목사님이 그의 교회에 생긴 문제들 때문에 지나치게 걱정이 되어서 잠을 잘 수가 없었다. 그때 갑자기 이런 음성이 들렸다. "아가야, 이제 자거라. 밤은 나에게 맡겨라." 서두르지 말라. 인내가 필요하다. 하나님은 결코 서두르시는 분이 아니다. 오직 인간만이 서두를 뿐이다.

07. 과거에 집착하지 말라

어제는 어쨌든 지나가버린 시간이다. 과거에 집착하는 사람은 추억의 노예일 뿐이다. 당신이 어제의 실수로부터 얻는 것은 무엇인가. 그것은 지혜이다. 마찬가지로 어제의 승리에 얽매이는 것도 바람직한 것이 못 된다. 만족감·자만심·뿌듯한 과시욕 속에 자신을 가두어두지 말라. 충족감은 어제의 것이었다. 좌절감도 어제의 것이었다. 미래를 바라보라. 조그마한 성공에 집착하는 자는 뒤로 걸어가는 것과 같다. 내가 몇 개의 호텔을 가졌을 때 사람들은 내가 더 이상 호텔을 가지지 않을 것으로 생각했다. 그러나 사실은 그렇지 않았다. 왜냐하면 나는 미래를 확대시키기 위해서 과거의 성공에 얽매이지 않았기 때문이다. 우리는 지금 더 많은 행동으로 앞을 내다봐야 한다.

기원전 325년에 유명한 아테네의 장군인 이피크라테스는, 유명한 선조들이 많은 가문의 후손인 하모디우스로부터 구두장이의 아들이라는 이유로 조롱을 당했다. 그때 이피크라테스 장군은 딱 잘라서 대답했다. "나의 가문은 나로부터 시작된다. 그러나 당신의 가문은 당신이 끝이다." 어떤 경우에도 과거에 집착하는 것은 종말의 시작이다.

08. 언제나 상대방을 존중하고 업신여기지 말라

뉴욕 파크 애비뉴 50번가에 한 사람이 서 있다고 하자. 생물학적으로 보면 그는 동물이요, 통계학자가 보면 군중의 하나이고, 물리학자가 보면 질량과 에너지의 결정물이요, 화학자의 시각에서 보면 물질덩어리이다. 역사가가 보면 지구상의 수많은 인물 중의 하나이며, 정치가 입장에서 보면 하나의 표다. 그러나 내가 볼 때 거기 서 있는 것은 사람이다. 그는 삶의 존엄성, 그의 꿈, 그의 고민까지도 사람의 자격으로 인정 받아야할 사람이다.

　사람을 업신여기지 말라. 우리는 모두 하나님의 형상으로 창조되었다. 만일 우리가 사람들에 관하여 더 많이 알려고 노력한다면, 이해받기보다는 이해하려고 노력한다면, 우리는 '네 이웃을 네 몸과 같이 사랑하라'는 계명을 더 잘 지킬 수 있을 것이다.

09. 당신이 살고 있는 세계에 대해 자신이 할 수 있는 모든 책임을 다하라

　자신이 속한 국가와 세계에 대한 당신의 정책을 개발하라. 먼저 그것에 대해 생각하라. 노력하라. 그것 위에 서라! 그것을 위해 서라! 그것을 위해 살아라!

　당신이 당신의 세계를 건설함에 있어서 당신의 책임을 완수하지 않는다면, 그것은 성공인이 아니다. 사람들은 이렇게 반문한다. '개인이 무슨 일을 해낼 수 있습니까?' 그것에 대해 해리 에머슨 포스딕 목사는 "개인이 지금 무엇을 하고 있는지 살펴보라. 우리의 공직자들을 누가 뽑는가? 개인이다. 우리 모두가 알다시피, 오늘날 이 시점에서 무엇보다 중요한 것은 개인의 인격이다." 성공적인 사람은 무관심한 사람이 아니다. 기존 세계를 보다 살기 좋은 세계로 만들기 위해서 노력을 아끼지 않는 사람이다.

10. 매일 일관되게 열심히 기도하라

기도란 하나님과 의사소통을 하는 것이다. 당신은 밤이나 낮이나 그분께 말할 수 있다. 그리고 당신의 말을 하나님이 분명히 들으신다는 사실을 알아야 한다.

무전기로 본부를 부를 때처럼, 우리는 하나님께 기도를 드릴 때 어떤 공식을 통해서 기도를 드리는 것이 아니다. 편지도 필요 없다. 당신은 하나님이 당신에게 해준 것에 전하고 싶은 메시지를 자유롭게 전할 수 있다. 당신은 "하나님, 저예요"라는 말로 기도를 시작할 수도 있다. 그분께 어떤 것이라도 부탁할 수 있다. 밀림 속에 있는 군인들처럼 당신은 언제라도 하나님께 도움을 청할 수 있다. 당신은 하나님께 감사드릴 수도 있고, 현재의 고통과 당황스러움과 실망스러움을 하소연할 수도 있다. 아니면 당신이 세상에서 가장 행복한 사람이라는 말을 할 수도 있다. 기도는 성공적 삶에서 전체를 지탱해주는 축이다. 하나님과의 만남이 없다면 인간은 아무 것도 아닌 것이다.

Chapter 01

크리스마스에 태어난 아이

아버지

사막과 벌거숭이산으로 둘러싸인 뉴멕시코 주 샌안토니오는 마치 하나님에게서 버림받은 땅처럼 황량하기만 했다. 먼동이 트고 있는 샌안토니오는 바람이 불다가도 멎고 멎는 듯하다가도 다시 불어왔다. 바람조차도 힘없이 사륵사륵 소리 내고 새벽이 밤의 잠옷을 벗고 있었다.

"헛!"

외마디 소리를 내지르며 건장한 체격의 청년 거스 힐튼 Augustus Halvorson Gus Hilton은 눈을 떴다. 그러나 두 눈만 열렸을 뿐, 아직도 꿈속에 있는 것 같았다. 거스 힐튼은 식은땀으로 인해 온몸이 축축했다. 기분 나쁜, 아니 불길한 꿈이었다. 무서운 얼굴로 노려보는 메리 아버지의 얼굴을 본 것이다.

'결국 우리의 결혼을 승낙하시지 않는다는 걸까? 아니야,

이건 그냥 꿈일 뿐이야.'

그는 메리 생각만 하면 가슴이 울렁거렸다. 용기 있고 근면한 거스 힐튼에게 있어 그녀는 희망 그 자체였다. 문득 너무나 아름다운 메리 로퍼스와일러Mary Laufersweiler의 하얀 미소가 떠올랐다. 학창시절 메이퀸이었던 메리는 코가 오똑하고, 입가에 항상 부드러운 미소를 머금었고, 누구에게나 상냥했다. 또한 그녀는 사랑스럽고 품위 있는 숙녀였다.

그들이 처음 만난 곳은 가면무도회였다. 두 사람은 만나자마자 사랑에 빠졌고, 곧 장래를 약속한 사이가 되었다. 그러나 메리의 부친은 이들이 서로 사랑한다는 사실을 알고 있었지만 막상 결혼문제가 나오자, 딸이 도시에서 멀리 떨어진 험한 개척지에 가서 겪을 고생에 대해 염려해 결혼을 반대했다.

'내가 이곳으로 오지만 않았어도…….'

거스 힐튼은 잠시 후회를 했지만 이내 고개를 저었다. 그는 열 살 때 가족을 따라 노르웨이에서 미국 아이오와 주 포트도지로 이주했다. 거기서 상점 점원으로 일하다가 26세가 되었을 때 과감히 서부로 왔다. 그의 생각에 진짜 멋진 인생을 펼칠 기회의 땅은 도시가 아니라 멀리 떨어진 개척지에 있다고 믿었다.

뉴멕시코에 와서 대부분의 사람들은 실패했지만 거스 힐

튼은 달랐다. 그는 남다른 비전을 가지고 있었고, 무엇보다도 넘치는 에너지와 용기를 지니고 있는 판단이 빠른 청년이었다.

단신으로 샌안토니오에 온 거스 힐튼은 황량한 시골마을을 돌아다니며 사냥을 하거나 사냥꾼들로부터 모피를 사들여 모피산업의 중심지인 세인트루이스에 가서 팔았다. 그가 샌안토니오로 돌아올 때면 마차에는 석탄과 철물, 생필품들이 가득 실려 있었다. 그리고는 그것들을 자신의 상점에 쌓아놓고 팔아 이득을 남겼다. 샌안토니오에는 점점 새 땅에서 새로운 삶을 실현하고자 서부로 온 사람들이 눈에 띄게 늘어났다. 석탄중개상인 · 광산업자 · 철도원 · 목장주 · 막벌이꾼 · 사냥꾼 · 총잡이들 같은 새로 이주해온 개척민들로 시끄럽고 늘 부산했다. 거스 힐튼은 이들 중에서도 가장 부지런했고 사람들도 그런 그를 신뢰했다. 대부분의 사람들이 가난에 허덕였지만, 거스 힐튼은 차곡차곡 돈을 모아가고 있었다.

부지런하고 성실한 거스 힐튼은 차츰 생활이 안정되고 막대한 부를 갖게 되었지만 그 정도에 만족하지 않았다. 그러나 성공에 대한 욕망이 커지면 커질수록 메리에 대한 그리움 또한 커져만 갔다.

아직 사람들이 잠들어 있는 이른 새벽, 거스 힐튼은 잠에서 깨어났지만 마음엔 근심이 가득했다.

'어떻게 하지……'

그는 옷을 찾아 입으면서도 메리의 아버지를 어떻게 설득하는 것이 좋을지 고민을 했다.

'그래, 열심히 장사를 하면서 허락을 하실 때까지 끊임없이 청혼의 편지를 보내리라.'

그는 어떤 일이 있더라도 메리와 결혼해야겠다고 결심을 했다.

거스 힐튼은 매일 그리움을 가득 담은 편지를 메리에게 썼다. 그에게는 무의미한 약속 같은 건 존재할 수가 없었다. 거스 힐튼에게는 메리와 함께 할 꿈과 소망과 사랑과 행복한 기대감이 가득했다.

어느 날, 메리의 아버지에게서 편지가 왔다.

'친애하는 거스 군. 나는 지금 자네가 살고 있는 샌안토니오에 대해서 아는 바가 거의 없다네. 아직까지 그곳에 갔다 온 사람을 한 사람도 만나 보지 못했기에 염려스럽다네. 사실 여기에 있는 누구도 자네를 반대하지는 않는다네. 나는 누구라도 철저한 도덕률만 지니고 있다면 재산이 얼마나 있는지에 대해서는 걱정하거나 묻지도 않는다네. 내 딸의 배우자 선택에 있어서 가장 중요한 것은 철저한 도덕률이라고 생각하고 있지. 두

번째는 우리 메리가 살아갈 장소와 주위환경이라네. 그리고 세
번째는 종교문제인데 나는 하나님에 대한 믿음이 있는 사람이
내 딸의 남편이 되기를 원한다네. 그러니 지금 당장은 내 딸과
의 혼인을 승낙할 수가 없다네.'

 편지를 다 읽고 난 거스 힐튼의 얼굴에 미소가 번졌다. 그
리고 그 자리에서, 자신이 개척자로서 뼈에 사무치는 고독
과 싸우며 힘들게 일하는 이유가 바로 메리 때문이라는 것
과, 신앙생활에 전혀 문제가 없을 것이라는 약속과, 평생 동
안 메리가 갖고 있는 하나님에 대한 믿음을 자랑스러워하며
존경하겠다는 내용을 편지에 써 보냈다.
 며칠이 지나 메리의 아버지에게서 다시 편지가 왔다.

 '우리는 자네가 생활하고 있는 마을에 대해 여전히 궁금한 것
 이 한두 가지가 아니지만, 메리와 함께 이 문제에 대해 충분히
 의논해 보니 메리가 진심으로 자네가 있는 곳으로 가기를 원한
 다는 사실을 알았다네. 그래서 나는 자네와 내 딸의 결혼을 허
 락하기로 했다네.'

 1885년 거스 힐튼이 메리와 결혼식을 올렸을 때, 사람들
은 이들만큼 서로에게 잘 어울리는 짝도 찾기 어려울 것이

라고 말했다. 그들의 결혼식은 큰 축제였다. 샌안토니오의 작은 마을 전체가 거대한 결혼식장이 되어 두 사람의 결혼을 축하해 주었다.

힐튼 가족

1년 후에 첫 딸 펠리스가 태어났다. 그 이듬해인 1887년 12월 25일 크리스마스에 아주 특별한 사내아이가 태어났는데, 바로 이 아이가 훗날 세계 최대를 자랑하는 힐튼 호텔의 창업주 콘래드 니콜슨 힐튼Conrad Nicholson Hilton이다.

샌안토니오 중심가에서 기차역을 마주 보고 있는, 약간은 멕시코와 스페인 풍의 멋을 풍기는 베란다가 달린 회색 벽돌로 지어진 2층집에 힐튼 가족이 살았다. 1층은 가게로 쓰고 뒷마당에는 큰 창고가 있는 이 집에서 거스 힐튼은 상점을 운영했고, 메리 힐튼은 아이들을 키웠다.

메리 힐튼은 원기 왕성한 주부가 되어 무명 앞치마를 두르고 등에는 언제나 아기를 업고 있었다. 생활은 상당히 유복했으나 사치하지 않았다. 심부름꾼이 몇 명이 있었지만 메리는 직접 아이들을 입히고 먹이는 것을 좋아했다. 그녀는 아이들에게 좋은 어머니로서 언제나 상냥하고 온순한 성격이었으며 조용하고 조심성 있는 태도를 지니고 있었다. 메리 힐튼은 자라는 아이들을 바라보며 늘 입가에 미소를 머금곤 했다.

거스 힐튼과 메리, 두 사람에게 사랑의 결실은 계속되었다. 새 아기의 울음소리가 들릴 때마다 아이들은 아기를 환영했다. 아기가 태어날 때마다 어머니는 시집올 때 가져온 장미나무 상자 안에 정성스레 간직한 하얀 드레스를 아기에게 입히고, 교회에 데리고 가 세례를 받게 했다. 그녀는 아기에게 입혔던 세례복을 다시 구김 하나 없이 다려서 늘 장미나무 상자 속에 보관했다가 다음 아이에게 입혔다. 거스 힐튼은 아기가 탄생할 때마다 크진 않아도 별도로 새 아기의 방을 만들어 주었다. 장남 콘래드 힐튼이 크리스마스에 태어났을 때도 역시 거스 힐튼은 멀리 눈발 날리는 세인트루이스까지 말을 몰고 가서 갓 수입된 화려한 스테인드글라스 유리창을 사가지고 와서 아기 방에 달아주었다.

콘래드는 세례명이었다. 외할아버지 콘래드 로퍼스와일러의 이름에서 딴 것이었다. 사람들은 콘래드 힐튼을 모두 '코니'라고 불렀다.

거스 힐튼은 장인어른에게 약속했던 대로 아내의 신앙을 존중해 주었다. 그는 가정예배 때 가족이 딱딱하고 차가운 마루에 무릎을 꿇고 기도하는 것을 도와주기 위해 양탄자를 사서 깔아놓아 주었다.

✝

청년시절을 곰곰이 생각해보라. 당신에게 열정이 있느냐 없느냐가 문제이다. 만약 인생에 대한 열정이 없다면 당신에게는 실패와 권태가 찾아온다. 많은 사람들이 실패하는 이유는 자기 자신을 능력이 없다고 생각하기 때문이다. 당신의 가치를 더 크게 만들어라.

콘래드 힐튼

Chapter *02*

어머니가 주신 첫 번째 열쇠

어머니

메리 힐튼에게는 하나님께 기도를 드리는 것이 먹고 마시는 공기나 음식 같은 것이었다. 기도는 그녀의 생활이자, 하루하루의 삶의 활력이요, 생명의 원천이었다. 그녀는 믿음에 위배되는 일은 절대 하지 않았고, 이것에 대해서는 예외가 없었다.

　메리 힐튼은 자신의 두터운 신앙을 여덟 명의 자식들에게도 전해 주었다.

　"얘들아, 하나님께서는 늘 너희들의 모든 것을 주관하시고 계신단다. 그리고 우리의 일은 하나님의 뜻 안에서만 이루어지는 거란다."

　아직 어린 콘래드 힐튼은 자라는 동안에 어머니의 믿음과 성실함을 보며 큰 감화를 받았다. 그리고 희미하게나마 하나님에 대해 알아갔다.

"너희들은 하나님의 사랑받는 자녀로서 부족함이 없는 사람이 되어야 한다. 또한 하루하루가 후회 없는 날이 되도록 하렴. 새로운 것을 배우면 꼭 기억하고 잊지 않도록 노력해라. 너희들 머릿속은 마치 너희가 장난감이며 옷, 책 등을 보관하는 다락방과 같은 곳이다. 물건을 넣어두는 대신에 훨씬 더 귀중한 생각들을 넣어둔다는 것이 다를 뿐이다."

메리 힐튼은 아침저녁으로 아이들을 모아놓고 가정예배를 드리며 아이들 하나하나를 껴안으며 말했다.

"하나님께서 폭포수처럼 은혜를 부어주심으로 그 은혜 안에서 우리가 승리하도록 만들어 주시는 거란다. 엄마는 하나님의 은혜가 너희 삶 가운데 가득하길 바란다."

주일에는 샌안토니오에서 18km나 떨어진 소코로로 가야 했다. 다소 먼 거리로 교회를 가려면 마차나 말을 이용해야만 했다. 남편이 물건을 구하러 다른 도시에 가고 없을 때나 상품을 주문 받아 멀리 배달을 떠났을 때, 여자가 혼자 아이들만을 태우고 소코로로 가는 것은 대단히 위험한 일이었다. 하지만 메리 힐튼은 아이들에게 깨끗한 옷을 갈아입히고 흔들거리는 마차에 태워 교회에 갔다.

소코로에는 유머 감각이 뛰어나고 강한 악센트를 지닌 피터 조제프 펠저Peter Joseph Pelzer라는 벨기에 선교사가 있었다. 그는 프랑스에서 안수 받은 즉시 뉴멕시코로 자원하여 소코

로 교회에 배치되어 온 상냥한 젊은이였다. 이 젊은 선교사
는 교회가 멀어 찾아오지 못하는 인근마을 주민들을 위해
한 달에 한 번씩 일요일이면 차례를 정해놓고 카시지 마을,
몬티셀로로 마을, 샌안토니오 마을로 찾아갔다.

펠저 선교사는 처음 몇 년 동안은 걸어서 왔고, 또 얼마 동
안은 늙은 말을 타고 왔다. 그러나 그의 헌신적인 방문에 주
민들이 감동을 받은 나머지 마을사람들이 돈을 모아 낡은
사륜마차를 기증하자 그것을 타고 왔다. 얼마 후에는 철도
원들의 존경을 받은 나머지 무임승차권을 얻어 기차를 타고
오기도 했다.

그가 토요일 밤에 기차를 타고 샌안토니오 역에 내리면 교
인들은 역으로 몰려가 그를 성대히 환영했다. 메리 힐튼은
선교사를 집으로 모시고 와서, 상점 뒤에 있는 조용한 방으
로 안내해 침식을 제공하는 것을 큰 기쁨으로 여겼다. 거스
힐튼도 펠저 선교사를 자기 집의 소중한 손님으로 초대하는
것에 대해 무척 기뻐했다.

메리 힐튼은 이 선교사가 돌아볼 구역이 넓어 자주 샌안
토니오를 찾아오지 못하는 것을 늘 안타깝게 생각했다. 그
래서 펠러 선교사가 다른 마을로 가는 일요일에는 아이들을
데리고 그 마을로 찾아갔다. 그가 기도를 드리는 곳이면 그
곳이 어디든 좋아갔다.

오늘도 메리는 온 가족과 함께 펠저 선교사가 오게 되어 있는 마을로 가고 있었다. 마차를 모는 남편 옆에 예쁜 깃털 모자를 쓰고 앉아 아기를 무릎 위에 앉힌 채 교회에 가고 있는 메리는 성경을 가슴에 품고 한없이 즐거워했다. 아이들은 마차 뒤에 각자 좋을 대로 자리를 잡고 어린 새들처럼 재잘거렸다.

"엄마! 엄마는 하나님께 기도하는 게 그렇게 좋아요?"

큰딸 펠리스가 물었다.

"그럼, 좋고말고. 내 소원을 말씀드리고 기도하면 하나님께서는 언제나 내 기도를 들어주시기 때문에 좋기도 하지만, 무엇보다도 하나님을 부를 수 있는 것 자체가 너무나 행복하단다."

메리는 신앙 없이는 살 수 없는 여인이었다. 그녀의 신앙은 조금도 흐트러짐이 없었고, 어려움이 닥치거나, 또는 즐거운 일이 생길 때도 항상 기도했다.

"너희들도 늘 기도해야 한다. 기도하면 모든 게 이루어진단다."

거스 힐튼이 모는 마차가 샌안토니오에서 앨버커키 국도를 따라 약 20km 떨어진 이슬레타로 달리고 있었다. 인디언 부락인 이곳은 펠저 선교사가 몬테셀로로 마을을 방문할 때면 늘 지나다가 들리던 곳이었다.

거스 힐튼이 아내와 아이들과 함께 교회에 도착했을 때, 그곳 오래된 교회 안쪽 낡은 벽에는 어린 콘래드 힐튼의 마음을 끌어당기는 그림이 한 장 걸려있었다. 화살이 꿰뚫어 큰 구멍이 나 있는 빛바랜 낡은 그림이었다.

"코니야, 이 그림은 약탈자들이 무자비하게 습격을 해오자 교회로 피신해있던 인디언들을 하나님께서 끝까지 보호해 주셨던 일을 그린 그림이란다."

메리 힐튼은 화살 구멍을 손가락으로 가리키며 말했다.

"코니야, 교회는 하나님의 힘과 가호가 있는 곳이란다. 이곳의 인디언들은 하나님이 어떤 분이신지 충분히 이해하기도 전에, 그분 품으로 피신하면 보호받을 수 있다는 것을 실감했단다."

메리 힐튼은 교회 안에 하나님의 가호와 힘이 있다는 것을 설명하고 있었다.

"저 화살자국을 보렴. 저 인디언들은 하나님께서 자기 부족들을 지켜주신다는 것을 굳게 믿고 저 구석에 모여 끝까지 기도하고 있었단다. 그리고 무사할 수 있었지. 혹시 너희들에게도 무슨 문제가 생기거나 낙심되는 일이 있으면 그런 일로 걱정할 필요는 없단다. 기도를 하면 항상 하나님께서 알아서 해결해 주실 거다."

"어떤 힘든 일이라 하더라도 말이에요?"

눈을 반짝이며 어린 콘래드 힐튼은 물었다.

"그럼, 물론이지. 이 세상 모든 것을 만드신 분이 무엇을 못하시겠니?"

찬송가를 부르며 예배를 드리는 동안 콘래드 힐튼의 마음 속에는 기쁨이 솟아올랐다. 돌아오는 길에는 콧노래까지 나왔다.

메리 힐튼이 이런 콘래드 힐튼을 보며 말했다.

"코니야, 사람이 걸어 다닐 때 맨발로 다닐 수는 없지 않겠니? 네가 신발을 신고 다니듯 기도는 너에게 신발처럼 이 세상을 살아가는 데 꼭 필요한 것이란다. 네가 동생들한테도 잘 가르쳐주어라."

콘래드 힐튼은 유년시절부터 이렇게 어머니에게 들은 '하나님은 자신을 믿는 사람을 끝까지 보호하신다'는 가르침을 마음에 잘 새겨두었다.

기도의 힘을 깨닫다

아버지는 콘래드 힐튼이 말을 타기엔 너무나 어린 나이임에도 불구하고 치키타라는 밤색 암말을 사 주었다. 그리고 말 타는 법과 말을 타고 가축우리를 뛰어넘는 법도 자세히 가르쳐

주었다. 콘래드 힐튼은 승마에 남다른 재주가 있었다.

"자, 이제 말을 타고 마을과 사막을 돌아다녀 보거라."

거스 힐튼은 치키타의 엉덩이를 힘껏 치며 말 타기에 익숙해진 아들의 모험심을 자극했다.

콘래드 힐튼은 말을 몰고 혼자 나갔다가 밤늦게 돌아오기도 했다. 그런 동생을 보며 누나 펠리스가 걱정스럽게 말했다.

"코니, 널 걱정하다가 엄마는 쿠키를 세 번이나 태우셨어. 창밖만 내다보며 네가 오는 걸 기다리시다 물주전자도 엎지르시고……."

"엄마, 다음부터는 일찍 다니겠습니다."

콘래드 힐튼은 어머니에게 죄송한 마음을 전하며 말했다.

메리 힐튼은 아들이 학교를 다녀야 한다고 생각했다. 자식의 앞날을 위해서는 학교생활과 교육이 필요하다고 믿었다.

"코니야, 이제 너도 공부를 시작해야 한다. 내 말은 점수를 잘 받아오라는 뜻이 아니고, 행동을 바르게 하라는 뜻이란다."

콘래드 힐튼이 여덟 살이 되던 해, 처음으로 누나 펠리스를 따라 초등학교에 들어갔다. 펠리스는 콘래드 힐트보다 한 살 위로 얼마 후에는 아홉 살이 될 참이었으나 동생 콘래드 힐튼에게는 잔소리를 많이 했고 엄중했다.

"자, 코니. 언제나 코를 잘 닦아야 해. 지저분하면 부모님이 욕을 먹거든."

펠리스는 동생 콘래드 힐튼을 잘 보살폈다.

학교는 교실이 한 개밖에 없는 초라한 벽돌 건물이었다. 미국인 가족이 몇 가구 안 되었기 때문에 그는 그곳에서 멕시코 아이들과 함께 영어와 스페인어를 동시에 배웠다.

콘래드 힐튼이 아홉 살 때였다. 하루는 학교에서 돌아와 보니 이제는 많이 늙은 치키타가 마구간에서 보이지 않았다. 치키타가 울타리 뒤쪽에 옆으로 쓰러져 있었다. 노쇠해 죽은 것이었다.

어려서부터 말을 타기 시작했던 그에게 치키타는 각별한 친구나 다름없었다. 그는 왜 자신과 가장 친했던 치키타가 죽어야 하는지 까닭을 알 수 없었다. 죽은 치키타 앞에서 눈물을 흘리면서 어머니에게 치키타가 죽은 이유를 설명해 달라고 애원했다. 어머니는 온갖 말로 아들을 위로했지만 달래지지 않는 소년의 슬픔 앞에서 어찌할 수가 없었다. 그리고 잠시 후, 어머니는 단호하고 낮은 음성으로 말했다.

"코니야, 교회에 가서 기도를 드리렴."

어머니는 나지막한 음성으로 다시 말했다.

"너 혼자 가서, 네가 알 수 없는 문제를 하나님께 모두 말씀드려라. 이 엄마가 해 줄 수없는 해답을 하나님께서는 대답해 주실 거다."

어린 콘래드 힐튼은 아무도 없는 교회를 혼자 찾아가서 기도를 드렸다.

'하나님, 왜 제가 사랑하는 치키타가 죽어야 하나요?'

콘래드 힐튼은 교회에 가서 기도하는 동안에 마음이 차분해지고 점점 온화해지는 기분을 스스로 느낄 수가 있었다. 기도를 마치고 교회를 나설 때, 그는 치키타에 대해서 커다란 만족을 느낄 수 있었다. 나중에는 집 뒤에서 가끔 야영을 하러 들르는 아파치 인디언으로부터 치키타 대신 젊은 얼룩말 한 마리를 얻어야겠다는 생각을 할 정도로 마음의 아픔을 금세 이겨냈다.

훗날 어른이 된 콘래드 힐튼은 갑작스러운 상황에 놓였을 때마다 그때 해준 어머니의 말씀을 상기하곤 했다.

"코니야, 기도해라. 하나님께 드리는 기도야말로 투자 중에서 가장 좋은 투자다."

✝

뉴멕시코 주의 샌안토니오에서 태어난 나, 콘래드 힐튼은 어렸을 때 조랑말의 죽음 앞에서도 질질 짜던 유약한 아이였다. 청년이 되어서도 이런저런 고생도 많았다. 성공한 후에도 끊임없이 시련이 찾아왔다. 고소를 당해 법정에 선 적도 한 두 번이 아니었다. 그때마다 나는 어머니가 가르쳐 주신대로 더 많은

기도를 드렸다. 매일 아침 6시 반에 교회에 찾아가 기도를 드렸
다. 아무리 밤늦게까지 일을 해도 아침이면 무릎을 꿇고 기도
를 드린 다음에 출근했다. 일과를 시작하기 전에 기도를 빠뜨
릴 수가 없었다. 기도는 어머니가 나에게 준 첫 번째 열쇠였던
것이다.

콘래드 힐튼

Chapter *03*

아버지가 주신 두 번째 열쇠

아버지

거스 힐튼은 매우 부지런하고 정력적인 상인이었다. 그는 잠
자리에서 누구보다 먼저 일어났고, 해가 뜬 아침 6시 반이나
7시에는 벌써 일을 시작했다. 그는 새벽에 가게에 나가 청소
를 하고 가죽을 들고 찾아오는 사냥꾼들을 아침 일찍부터 맞
았다. 또한 손님들과 값을 흥정하며 입씨름을 했다. 양모나 양
피를 사들이고 동시에 먼 거리에 있는 광부, 목동, 사냥꾼들에
게는 생필품을 직접 팔기위해 산에 며칠씩 들어가 있기도 했
다. 그는 스페인 사람, 멕시코 사람, 인디언과 거친 사냥꾼, 광
부, 행상인들에 둘러싸여 바쁜 일과를 보냈다. 한 마디로 그는
일을 사랑했고 휴식을 모르는 사람이었다. 일을 하고 있어야
만 마음이 편해지는 성격이었다.

그는 늘 새로운 사업에 도전할 수 있는 용기와 의지를 지

니고 있었다. 거스 힐튼은 손님을 앉아서 기다리지 않고 블랙 레인지의 황무지로 일을 찾아다녔다. 강을 따라 도시로부터 멀리 떨어져 있는 황량한 시골마을로 찾아 들어가 사람들에게 소금, 밀가루, 담배 등을 닥치는 대로 팔아치웠다. 또한 그는 목장을 돌아다니면서 목장주들에게 철책용 철물을 팔고 그 자리에서 곡물이나 쇠고기 등을 값싸게 사들였다.

그는 일주일 내내 일을 하는 것으로도 부족하다고 생각하는 사람이었다. 쉰다는 것은 생각도 할 수 없었다. 그는 자기 아이들에게도 일을 시켰다. 실제로 아이들이 걸어 다닐 정도만 되면 가게 안의 청소를 시키거나 진열품을 가지런히 정돈하게 하는 등 모두에게 많은 일을 시켰다. 자식이라 해도 자기가 맡은 일은 해내야 한다고 굳게 믿고 있었다. 아이들을 격려하는 뜻에서 정당한 품삯을 주었다. 아이들도 일과 품삯에 대해 불평하지 않았고, 아버지의 가게에서 아이들은 일해서 용돈을 버는 데 익숙해 있었다.

콘래드 힐튼은 초등학교 시절부터 학교를 마치면 아버지 가게에 나와 일을 도왔다. 한번은 아버지가 아침 일찍 가게 문을 열어놓으라고 말했는데, 전날 밤 상품을 싣고 올 야간 열차가 연착하는 바람에 늦게까지 힘겹게 일을 다 처리하고 집으로 돌아와 잤다. 아침이 되었지만 어머니는 곤히 잠든 아들을 깨우지 않았다. 그 바람에 콘래드 힐튼은 늦잠을 잤고, 7시쯤 되어서 잠에서 깨어나 눈을 부비고 한쪽 눈만 뜨고 있을 때, 아버지의 목소리가 들렸다.

"여보, 앞으로 코니가 어떤 사람이 될지 걱정스러워? 나는 아무래도 저 아이가 변변한 놈이 될 것 같지가 않아 두려워. 저 애는 평생 잠만 자다가 인생을 망칠 것 같아."

아버지의 음성을 듣는 순간, 콘래드 힐튼은 자리에서 벌떡 일어났다. 사실 그는 절대로 꾀를 부리거나 하는 아이는 아니었다.

"아버지, 전 사실 어젯밤에……."

"아무 말도 듣고 싶지 않다. 일하지 않는 사람은 먹지도 말라는 이야기 알지?"

"……."

단호한 아버지의 말에 콘래드 힐튼은 아무 변명도 할 수 없었다.

거스 힐튼은 뉴멕시코 주 절반 정도의 지역에서 주문을 받아 상품을 배달하고 있어 무척 바빴다.

"자, 일하러 가자."

"네."

"여보, 아침 기도는 마치고나서 하세요."

언제나 이런 식이었다.

1899년에 콘래드 힐튼은 열두 살이 되자 앨버커키에 있는 고스 군인학교에 입학했다. 처음 집을 벗어나 기숙사 생활을 하게 되었다.

고스 군인학교는 마을 변두리의 모래 언덕 위에 위치한 규모가 작지만 집처럼 편안한 곳이었다. 그곳에서 고스 군인학교 교장인 고스 대령은 학생들에게 바지에 검은 줄이 위에서 아래로 새겨진 군복을 입히고 기초교육, 다시 말해서 읽기·쓰기·산수를 가르쳤다. 콘래드 힐튼은 이 학교에서 우수한 학생은 아니었지만 그래도 수학만큼은 잘했다.

고스 군인학교 시절, 밤 생활에 대해 궁금해 첫 모험을 하게 되었는데, 다른 학생과 함께 창문을 통해 학교를 빠져 밖으로 나갔다. 그러나 앨버커키 중심가에 있는 임시 극장 안에서 그 마을의 경찰서장인 맥밀란에게 붙잡혀 학교로 돌아왔다. 그 일로 학교의 경비는 전보다 더 철저해졌다. 그 후 얼마 안 되어 학교가 불타버리자 콘래드 힐튼은 집으로 돌아왔다.

샌안토니오는 그 사이에 몇 가지 변화가 있었다. 우선 카시지 마을의 탄광들이 폐쇄되었고, 그 여파로 샌안토니오의 코크스 제조소도 가동을 멈췄다. 이 탄광들은 알라모 전투 전부터 멕시코 내에 있는 미국 기병대 요새에 석탄을 공급해왔으나 서서히 채탄량이 줄어들자 폐광을 하게 된 것이었다. 석탄을 운반하던 산타페이 철도도 무용지물이 되었고, 거리에는 실업자가 넘쳐났다. 그러나 거스 힐튼의 상점은 번창했다. 간판은 물론 집 전체를 페인트칠로 깨끗이 단장해 놓아 오히려 활기가 넘쳐 보였다.

거스 힐튼은 상점에서 우체국 업무와 전화국 업무까지 취급했다. 또한 주요 교통수단인 이륜마차와 사륜마차를 대여해주는 운수업도 하고 있었다. 그 뿐이 아니었다. 마구간을 헐고 그 자리에 새 창고를 지어 목재와 건축 자재를 잔뜩 쌓아놓고 건재상까지 겸했다. 탄광은 망했어도 거스 힐튼의 상점은 사업 영역이 더 확대된 것이었다.

'거스 힐튼 상회'는 샌안토니오 마을의 유일한 대형 잡화점이었다. 생필품은 물론 농기구, 철물, 건자재, 마차, 장례용 관과 우표까지 판매했다.

'저희 가게에 오셔서 말씀만 하십시오. 원하시는 물품은 무엇이든 구할 수 있습니다.'

'거스 힐튼 상회'가 내건 슬로건이었다.

콘래드 힐튼은 매년 여름방학이면 집으로 돌아와 방학이 끝날 때까지 상점 계산대 뒤에서 보조 점원으로 일했다. 아버지로부터 한 달에 5달러의 봉급을 받았다. 그는 장사 일을 배우기를 게을리 하지 않았다.

거스 힐튼은 총을 아주 싫어했다. 그는 권총을 지녀본 적이 없었다. 마을에서는 가끔 귀찮게 구는 술 취한 건달들이

나 거친 노동자들, 주정꾼들을 적당히 겁주기 위해서 무장하고 있다는 것을 알게 할 필요가 있었다. 콘래드 힐튼도 그렇게 생각했다. 그러나 아버지는 한 번도 권총을 무장하고 다닌 적이 없었다.

어느 날 저녁에 콘래드 힐튼이 상점 문을 닫고 있을 때였다.

"코니야, 아버지가 아직 안 오시는구나. 네가 술집에 가서 아버지를 모셔오렴."

어머니의 말에 콘래드 힐튼은 아버지를 모시러 가게를 나섰다. 거리의 밤은 마취된 환자처럼 수술대 위에 펼쳐져 있는 것 같았다.

콘래드 힐튼이 술집으로 들어서는데 술집은 쥐 죽은 듯이 조용했다. 그런데 저쪽 스탠드 바 앞에 술에 만취된 한 목장주가 권총을 뽑아들고 아버지를 겨냥하고 있었다. 이 위험한 순간에 모든 이들은 숨을 죽이고 있었다. 총구 앞에서 거스 힐튼은 눈을 부릅뜬 채 목장주를 쳐다보았다. 콘래드 힐튼은 숨이 멎을 것 같았다. 목장주는 당장이라도 방아쇠를 당길 태세였다. 그때 거스 힐튼이 부드럽고 침착한 목소리로 목장주를 향해 무슨 말인지 하기 시작했다. 콘래드 힐튼은 아버지가 무슨 말을 하는 지 알아 들을 수 없었지만 목장주의 권총을 든 손이 떨리는 것을 볼 수가 있었다.

잠시 후 목장주가 권총을 바닥에 떨어뜨렸다. 그리고는 거스 힐튼의 어깨를 부여잡고 울기 시작했다. 거스 힐튼이 등을 두드려주는 모습이 보였다.

콘래드 힐튼은 아버지와 함께 밤길을 걸어오면서 물었다.

"아버지, 저는 이해할 수가 없어요. 아버지가 왜 권총을 가지고 다니시지 않는지."

아버지가 콘래드 힐튼의 손을 꼬옥 잡아주며 말했다.

"코니야, 아까 그 친구는 얼마 전까지도 나와 형제처럼 지내던 사람이다. 너도 보았다시피 만약 그 자리에서 나도 권총이 가지고 있었다면 두 사람 중 한 사람은 죽었을지도 모른다."

아버지는 다시 입을 열었다.

"코니야, 언젠가 너도 어른이 되면 아빠처럼 결정해야 해야 할 때가 온다. 권총을 가지고 다닐지 말지 둘 중 하나를 결정해야 한다. 총을 가지고 다닌다면 언젠가는 총을 사용하게 될게다. 그런데 말이다. 아빠는 총으로 인해 인생을 망친 사람을 너무나 많이 보았단다."

콘래드 힐튼이 한때 동업했던 사람과 갈등이 생겨 샌안토니오의 허름한 술집 '비안치 바'에서 아버지가 겪었던 것과 비슷한 경우를 겪게 되었다. 그때 그는 어렸을 때 아버지가 해준 말을 상기했다. 그는 동업자끼리의 분쟁을 폭력 없이 해결하는 합리적인 지혜를 아버지로부터 배운 것이다. 콘래드 힐튼은 그런 아버지를 존경했다. 아버지는 자식들을 진심으로 사랑했다. 특히 콘래드 힐튼을 매우 아꼈다. 아버지는 아들을 로즈웰의 뉴멕시코 군인학교로 보냈다. 좀 더 큰 학교로 보내기 위해서였다. 로즈웰은 샌안토니오에서 185km나 떨어져 있었다. 앨버커키보다도 훨씬 큰 도시였다.

아버지는 인부를 고용해 콘래드 힐튼이 마차를 타고 가게 해주었다. 마부는 지역 유지의 큰 도련님을 태우고 진흙먼지 길을 사흘이나 달렸다. 이틀 밤을 길가에서 모닥불을 피워놓고 천막에서 잠을 잤다. 이런 여행은 소년의 가슴속에 모험심과 낭만적인 마음을 싹트게 해주었다. 그리고 들꽃처럼 소년의 마음속에 비밀스럽게 꽃망울을 터뜨렸다.

로즈웰 군인학교에서 콘래드 힐튼은 금빛으로 장식된 멋진 군복을 입고 다녔다. 그곳에서 그는 열네 살 소녀 매기 힌슨을 풋사랑하게 되었다. 여름방학이 되자 힐튼은 마차를 타고 집으로 돌아왔다. 달라진 게 하나 있다면 해군수병 모자를 쓰고 방긋 웃는 매기 힌슨의 사진 한 장을 가슴에 품고 왔다는 것이다.

다시 아버지 가게에서 고된 점원생활이 시작됐다. 이제는 한 달에 10달러의 월급을 받았다. 그것은 작년에 비해 두 배나 오른 것이었다. 이번에는 우편과 전보업무까지 맡게 되었는데, 그는 전보기술자가 읽는 전문서적도 종종 읽었다.

어느 날 어머니는 콘래드 힐튼의 연애편지를 몰래 보게 되었다. 어머니는 아들을 조용히 불러서 심각하게 말했다.

"코니야, 가을이 되면 너를 다른 학교로 보내야겠구나. 넌 아직 여자를 알 나이가 아니다. 여자를 알기 전에 네가 먼저 알아두어야 할 게 있단다."

어머니는 아들에게 무엇보다 신앙에 대한 교육이 필요하다고 생각했다. 그녀는 아들이 육체적으로 성장해가는 만큼 신앙에 대해서도 깊은 마음의 성숙이 필요하다고 판단했다. 한 소녀에 대한 그리움이 마음속에 남아 있던 그해 여름 콘래드 힐튼은 가게 일에 깊이 빠져 들었다. 아버지가 견습생 딱지를 떼고 승진시켜준 만큼 밤늦도록 몇 배나 더 일을 해야 했기 때문이었다. 핑크빛 편지의 향기는 일과 땀에 의해 지워져갔다.

여름이 끝나자 콘래드 힐튼은 기차를 타고 로즈웰이 아니라 산타페이에 있는 성 미카엘 대학으로 갔다. 어머니는 아들이 무엇보다도 크리스천 형제들 사이에서 건전한 종교교육을 받고 돌아오기를 원했다. 어머니는 자신의 신앙심을 이렇게 아들에게 물려주었고, 이것은 힐튼의 인생 전반에 큰 영향을 주었다.

성 미카엘 대학에서 콘래드 힐튼은 난생 처음으로 성찬식에 참석했다. 그것은 하나님의 나라에서 누리게 될 큰 잔치의 기쁨을 이 세상에서 미리 맛보게 하는 의식이었다. 힐튼은 성찬식 예배에서 그리스도의 살과 피가 몸속에 들어와 강한 힘으로 전신을 감싸는 놀라운 체험을 했다. 그것은 그의 인생에서 처음 생긴 큰 사건이었다. 그는 어머니에게 성찬식에서 받은 종교적인 체험을 자세히 적어 보냈다. 어머니는 곧 답장을 보냈다.

"코니야, 항상 성찬을 가까이 하여라. 그러면 너에게 닥쳐오는 모든 역경을 극복할 수 있는 힘과 용기를 얻게 될 것이다."

콘래드 힐튼은 어머니의 말씀대로 살면서 최악의 상황이나 역경에 처했을 때, 성찬을 가까이 하고 하나님께 기도하고 의지하면서 극복해 나갔다. 힐튼은 열네 살에 불과한 소년이었지만 하나님을 가슴에 꼭꼭 새겨 넣었다.

콘래드 힐튼은 성 미카엘 대학에서 한 학기를 마치고 집으로 돌아왔다. 아버지는 다시 2년간 로즈웰에 있는 뉴멕시코 군인학교로 가서 공부하는 것을 허락했다. 물론 여름방학에는 집에 와서 아버지의 가게 일을 해야 한다는 조건이었다.

콘래드 힐튼은 다시 로즈웰로 떠났다. 그리고 여름방학이 되자 또다시 집으로 돌아와 가게 일을 했다. 아버지는 콘래드 힐튼에게 서기업무, 청소, 재고조사까지 맡겼고 손님과 흥정하는 방법도 가르쳤다.

어느 날 오후 아버지는 나이 든 여자가 가게에 들어오자 아들의 귀에 조그만 소리를 말하고는 안으로 들어갔다.

"저 여자는 돈이 많은 스페인 사람이다. 하지만 심술도 많고 까다롭기 짝이 없지. 너의 스페인어 솜씨도 발휘할 겸 한번 물건을 팔아보아라."

콘래드 힐튼은 가게를 둘러보는 그녀에게 모직옷과 가죽옷을 권했다. 그녀가 고개를 저었다. 그는 여자에게 슬쩍 존경을 표함으로써 콧대를 높여주고 옷을 사게끔 유도하면서 아버지가 늘 들려주시던 이야기를 떠올렸다.

'장사꾼에게는 기술이 따로 필요치 않다. 우선 팔려는 열의가 있어야한다. 그러나 손님이 무엇을 원하는지 먼저 알아야 한다. 눈길을 주고 있는 상품이 파악되면 그 다음에는 상품의 가치를 알려주어라. 그리고 융통성 있게 가격을 제시하는 것이다. 가격이 적당해야만 구매자도 관심을 갖게 된다.'

그녀는 구두 한 켤레를 유심히 들여다보고 있었다. 게임은 시작되었다. 그녀는 구두를 마음에 들어 했다. 물론 제품 자체도 흠이 없고 고급스러웠다.

그녀가 스페인어로 가격을 물었다. 콘래드 힐튼은 곧바로 가격표를 보여주었다.

"흥, 날강도 같은 가격이군."

그녀는 비웃는 표정을 지으며 말했지만 구두에 자꾸 눈길을 보내고 있었다. 콘래드 힐튼이 말을 건넸다.

"이 구두는 보여드린 가격만큼 가치가 있습니다."

"나를 속이려고?"

힐튼은 값을 10센트 내려서 다시 말했다.

"이 구두는 샌안토니오 전체를 뒤져도 단 한 켤레밖에 없는 고급품입니다. 손님께서는 좋은 구두를 원하시죠? 소로코에 가셔도 아마 이만한 구두는 찾기 어려울 겁니다."

10센트 내린 가격 정도로는 그녀가 만족하지 못하는 것 같았다. 콘래드 힐튼은 아버지가 하는 식으로 정찰 가격표를 다시 가리켰다. 본래 가격을 강조하는 수법이었다.

그녀는 '벌 받을 가격'이라고 말하면서 아버지와 아들이 똑같다고 소리를 질렀다. '벌 받을 가격'이라는 말은 사실 제품에 대한 칭찬이었다. 그녀는 구두를 맘에 들어 했다. 콘래드 힐튼은 그녀가 망설이고 있을 때 다시 25센트를 깎아주었다. 그러자 그 여자는 얼굴에 함박꽃 같은 미소를 지으며 구두를 그 가격에 사겠다고 말했다. 그녀는 맘에 드는 구두를 얻었고, 그는 거래를 성사시켰다.

이를 뒤에서 지켜보던 아버지가 나와서 칭찬을 했다.

"짧은 시간에 신사답고 사업가답게 잘해냈구나."

이 성공적인 거래 덕분에 거스 힐튼은 아들의 월급을 15

달러로 올려 주었다. 한 달에 15달러씩 봉급을 받게 되자 서기 업무, 청소 업무, 그리고 판매 업무는 물론 재고 조사 업무와 상품 주문 업무까지 맡게 되었다. 15달러는 적은 봉급이 아니었다. 당시 일류 직업으로 알려진 철도원의 월급이 30달러 정도였다.

그러나 때때로 거스 힐튼은 아들을 엄하게 야단을 쳤다. 콘래드 힐튼이 처음으로 주문한 물건들 중에 스미스제 12구경 엽총이 있었다. 그것은 그가 개인적으로 가지려던 것이었다. 물건이 도착했을 때 아버지가 이를 보고는 크게 꾸짖었다.

"코니야, 너는 절대로 부자가 될 수 없을 것 같다. 왜 그런지 이유를 말해줄까? 이 엽총의 무게는 겨우 20파운드다. 수송료는 아무리 가벼운 물품이라도 최저 100파운드 단위로 지불해야 하는데 그렇다면 너는 80파운드에 해당하는 다른 물품과 함께 주문했어야 했다. 네가 버린 수송료는 여러 개의 못상자를 수송할 수 있는 비용이다. 너는 그 비용을 날려 버린 거란다."

콘래드 힐튼은 바로 자신의 잘못을 깨달았고, 아버지한테는 여전히 배워야 할 것이 많다는 것을 깨달았다.

그해 여름 어머니에게 카메라 삼각대를 사주고 싶어서 주문을 했을 때, 힐튼은 그것과 함께 85파운드의 무게가 나가는 백색 석회도 같이 주문했다. 그는 아버지로부터 이렇게 하나하나 일을 배워나갔다.

어른이 되다

방학이 끝나자 콘래드 힐튼은 다시 학교로 돌아갔다. 로즈웰의 뉴멕시코 군인학교에서의 기숙사 생활은 힐튼에게 새로운 배움터였다. 특히 생도들로부터 배우게 된 중요한 교훈이 하나 있었다.

'신사는 진실만을 말한다. 거짓말을 하는 것은 가장 불명예스러운 일이다.'

어느 날 운동장에서 야구를 하고 있었는데, 한 생도가 친 공이 멀리 날아가 학교 유리창을 깨뜨렸다. 힐튼은 유리창을 깬 그 생도를 알고 있었다. 선생님이 뛰어나와 생도들을 불러놓고 누가 한 짓이냐고 물었을 때 그 생도는 자신의 행동을 부인했다. 그날 이후로 모든 생도들이 그를 외면했고 또한 말도 하지 않았다. 모두들 냉혹할 정도로 그를 무시했다.

콘래드 힐튼은 다른 생도들에게 전교생이 그 학생에게 너무 심하게 대하는 것 같다고 말했다. 그러자 그중 나이가 많은 상급반 생도가 말했다.

"사람은 자신이 한 말에 대한 책임을 져야해. 하지만 그 녀석은 모두가 녀석의 소행인 것을 알고 있는데도 불구하고 거짓말을 했어. 이건 부끄러운 짓이야. 거짓말하는 사람은 그림자만 남아있는 것과 마찬가지야."

그 말을 듣고 콘래드 힐튼은 대단히 놀랐다. 훗날 힐튼은 이 교훈을 여러 번 확인할 수 있었고, 그는 어떤 사람과도 거래는 할 수 있지만 거짓말하는 사람과는 거래를 하지 않았다. 호텔을 팔려고 하는 사람한테 약속한 금액을 갖고 가면 딴청을 부리며 가격을 올리는 경우를 경험하곤 했다. 다시 오른 금액을 애써 구해서 가면 또 가격을 올려 제시했다. 이런 거짓말쟁이와의 흥정이란 시간낭비에 불과하다는 것을 깨달았다. 그는 이렇게 말했다.

"거짓말을 하는 사람과의 거래란 그림자 인간과 거래하는 것과 같다. 그림자와의 거래는 무가치하다. 그것은 노력할만한 가치가 없는 거래다."

1902년 콘래드 힐튼이 열다섯 살이 되었을 때 갑자기 키가 커졌다. 그러나 외적인 변화보다는 내적인 변화가 스스로를 놀라게 했다. 그 무렵에 한 여성이 그의 인생 속으로 들어왔다.

그녀의 이름은 헬렌 켈러였다. 스물세 살의 이 처녀는 두 살 때부터 이미 귀머거리에 벙어리와 맹인이 되었다. 빛도

소리도 없는 암흑에 갇혀 살아온 이 여자가 『낙천론Optimism』이란 책을 출간했는데, 힐튼은 그 책을 어머니의 바느질 그릇 속에서 발견하고는 가져와 며칠 동안에 다 읽었다. 이 책은 하나님에 대한 신앙을 뿌리에 두고 있었다.

'장애인임에도 세상을 비관하는 것은 죄라고 이 여자는 사람들을 일깨워 주는구나.'

콘래드 힐튼은 이 특별한 교훈을 진실로 대하기를 희망했다. 왜냐하면 그녀가 옳다는 것을 알았기 때문이었다. 그는 그녀가 위대한 사람이라고 생각했다.

그 이듬해 여름 거스 힐튼은 11만 달러를 받고 그의 탄광들을 팔았다. 당시에 그 돈은 그를 뉴멕시코 지역의 최고 부자로 만들어 주었다. 그는 아이들을 데리고 모처럼 세인트루이스에서 열리는 만국박람회를 구경 갔다. 세인트루이스에서는 제3회 올림픽대회가 개최되고 있었고 힐튼 가족의 처음 가족 나들이였다. 거스 힐튼은 최고급 호텔인 '인사이드 인 호텔'에 숙소를 예약했다. '인사이드 인 호텔'은 스테틀러라는 사람이 운영한 첫 번째 호텔이었는데, 힐튼은 이 호텔을 보며 언젠가는 자신도 하나의 호텔을 가져야겠다는 꿈을 꾸게 되었다.

그때 마침 래드클리프에서 석사 학위를 받고 졸업을 한 스물 네 살의 헬렌 켈러가 그곳에 있는 대강당에서 강연을 하기로 되어 있었다. 수많은 사람들이 강의를 듣기 위해 대강당으로 들어가려고 몰려들었다. 표를 얻기가 불가능했기 때문에 콘래드 힐튼은 아버지와 군중 속에 함께 서 있었다. 얼마 후 아버지는 경비망을 뚫고 필사적으로 강당으로 들어가서는 손을 흔들며 문을 통해서 관중 속으로 사라졌다. 그러나 힐튼은 장애물을 뚫고 들어갈 수가 없었다.

콘래드 힐튼은 혼자 호텔로 돌아오면서 이제는 더 이상 소년이 아니라 어른이 되어야겠다고 생각했다. 그렇게 되려면 포기해야 할 것은 포기해야 했다. 그는 다짐하며 주먹을 불끈 쥐었다.

아버지 거스 힐튼이 헬렌 켈러의 강연을 듣고 의기양양하게 호텔로 돌아왔을 때, 콘래드 힐튼은 이렇게 선언했다.

"저는 이제 학교로 돌아가지 않겠습니다. 대신 강한 남자가 되어야겠습니다."

아버지는 놀라면서도 아들을 격려하며 말했다.

"잘 결정했다. 네가 정식으로 근무한다면 한 달에 25달러의 봉급을 주겠다."

망설이던 어머니도 콘래드 힐튼의 결정에 동의해주었다.

콘래드 힐튼의 아버지는 상품 구입하는 것을 가르쳐주기 위해 아들을 데리고 각 지역을 겨울까지 돌아다녔다. 아버지의 특이한 점은 늘 명함을 가지고 다닌다는 것이었다. 거래

처 사람들을 만날 때마다 명함을 건네주었는데 그 명함 뒷면
에는 멋진 명언이나 명시가 몇 구절 새겨져 있었다. 또 험한
길을 마차를 타고 콘래드 힐튼과 함께 여행하는 동안에는 그
카드에 있는 글을 큰 소리로 읽어주기도 했다. 그 중의 하나
를 소개하면,

> 이기는 사람은 보통 사람이다.
> 어떤 특별한 계획을 세우지 아니한,
> 어떤 특별한 행운을 얻지 못한 —
> 단지 침착성과 열성과 끈기가 가득한 사람이다.
> 이기는 사람은 일하는 사람이다.
> 노동이나 고민을 겁내지 않는,
> 자기의 손, 자기의 머리, 자기의 눈을 사용하는 자 —
> 이기는 사람은 노력하는 사람이다.

아버지를 따라 각 지역을 도는 데 익숙해진 콘래드 힐튼은
이듬해 봄이 왔을 때, 혼자서 첫 행상 여행을 감행했다. 마차
에 상품을 잔뜩 싣고 보름 정도가 걸리는 행상여행을 떠났
다. 거스 힐튼이 마차와 상품을 아들에게 내준 것은 이제 아
들이 사고 팔던 다양한 상품의 가치를 알고 장사를 하여 이
익을 남길 줄 아는 사업가가 되었다는 것을 인정한다는 의

미였다.

이곳저곳을 돌며 목장의 주인들과 만나 이런저런 얘기도
하며 거래를 성사시켰다. 이렇게 목장주와의 거래를 끝낸
후에는 물건이 가득 실린 마차를 몰고 확 트인 공간으로 나
와, 별들이 빛나는 광야에서 혼자 밤을 보냈다. 노새들을 풀
어주어 먹이고 다시 묶어놓은 후에는 좋아하는 모닥불을 피
워놓고 베이컨과 커피를 마셨다. 이것이 돈으로는 몇 푼 되
지 않는 것이었지만 나중에 콘래드 힐튼이 억만장자가 되어
서도 검소하게 즐기는 것이 되었다. 마치 그를 보여주는 영
혼의 향기와도 같았다.

처음으로 고독한 행상여행을 마치고 돌아왔을 때 콘래드
힐튼은 완전한 청년이 되어 있었다. 그는 아버지에게 말했다.

"가장 좋은 비즈니스는 사람들의 불편을 해소해주는 일인
것 같아요. 면도기는 털이 자라서 생기는 불편함을 해소하
기 위해 등장했고 나사못을 단 청바지는 튼튼한 옷을 필요
로 하는 인부들의 불편함을 해소하기 위해 태어났죠. 자동
차는 이동할 때의 불편함을 없애 주었고, 우리가 하는 일도
사람들의 불편함을 해소해준 대가로 돈을 벌어야 할 것 같
아요."

행상 여행을 다녀와 소감을 말하는 아들을 바라보며 거스
힐튼은 마음이 흐뭇했다. 콘래드 힐튼은 이렇게 장사를 배

워갔지만 장래를 뚜렷하게 정하지는 못하고 있었다. 그는 완벽한 신사가 되고 싶기도 했고, 연극도 하고 싶었고, 학업에도 미련이 남아 있었다. 그는 하나님께 기도했다.

'하나님, 제가 어찌해야 할까요? 제 삶에 대한 새로운 비전을 주세요.'

그러나 곧 연극에 대한 꿈도, 경제학을 전공하여 세련된 교양과 멋을 익힌 멋진 미국인으로서 인생을 설계하리라는 계획도, 금융파동으로 인해 하루아침에 물거품이 되어 버렸다.

†

나는 어머니와 아버지로부터 각각 기도의 힘과 일의 즐거움을 물려받았다. 게다가 열의와 자신의 재능을 발견하는 일, 그리고 원대한 꿈이 나를 성공의 길로 달려가게 만들었다.

콘래드 힐튼

Chapter *04*

사업을 배우다

스무 살

1907년은 콘래드 힐튼이 스무 살이 되던 해이기도 했지만 금융공황이라는 무서운 태풍이 할퀴고 지나 간 해이기도 했다. 10월에 몰아닥친 금융공황은 뉴욕 시의 니커보커 신탁회사의 파산으로부터 시작되어 2주 만에 그 피해가 미국 전역으로 확산되었고, 급기야는 미국에 있는 거의 모든 은행이 문을 닫게 되었다. '거스 힐튼 상회'도 직격탄을 맞았다.

창고에는 대금 지불이 모두 끝난 상품들이 산더미같이 재고로 쌓였고, 가게는 받아야 할 돈보다 갚아야 할 돈이 더 많았다. 이러한 상황에서도 거스 힐튼은 실패하더라도 포기할 수 없다는 강한 의지를 발휘했다.

가족들이 모여 의논하는 자리에서 거스 힐튼은 가족들에게 이렇게 물었다.

"우리 집에는 아직 네 가지 재산이 남아 있다. 첫째, 창고에 쌓인 재고이다. 둘째, 가족들의 일손과 노동력이 있다. 셋째, 우리는 뉴멕시코에서 가장 크고 가장 낭만적인 진흙 벽돌집을 가지고 있다. 넷째, 너희 어머니의 요리솜씨가 있다. 이 네 가지 요소를 잘 조화시킨다면 하나의 걸작이 탄생될 수 있을 것이다. 모두들 어떻게 생각하느냐?"

"……."

가족 중 누구도 거스 힐튼의 물음에 대답을 못했다.

"우리가 가지고 있는 네 가지 요소를 잘 결합하면 멋진 사업을 할 수 있을 것이다. 이건 내 생각이지만 호텔이 어떨까 싶다."

거스 힐튼의 이야기는 계속되었다.

"경기가 아무리 좋지 않더라도 이곳에는 세일즈맨, 여행자, 철도원, 광부들이 늘 몰려든다. 아마도 너희 어머니의 요리를 한번 맛보기만 한다면 우리는 손이 모자랄 정도로 일을 해야 할 것이고, 아마도 소문이 나면 뉴멕시코에 있는 여행자들은 샌안토니오에 찾아오게 될 것이다."

그것은 사실이었다. 콘래드 힐튼의 어머니 음식 솜씨는 이 지역에서 최고였다.

거스 힐튼의 생각은 곧바로 행동으로 옮겨졌고, 결국 '거스 힐튼 상회'에는 '거스 힐튼 호텔'이라는 새로운 간판이 걸렸다. 하지만 말이 호텔이지 작은 숙박업소였다.

청년이 된 콘래드 힐튼과 동생들은 매일 처음 찾아오는 손님들을 역에 나가 대기하고 있다가 안내하는 책임을 맡았다. 때때로 호텔에 손님이 너무 많이 찾아와서 콘래드 힐튼과 동생들은 이리 뛰고 저리 뛰어야 했다. 그들은 잠이 모자라 틈틈이 새우잠을 자야 했다.

콘래드 힐튼은 바로 아래 동생 칼을 데리고 새벽 3시든 낮 12시든 기차가 도착하는 시간에 맞추어 대기하고 있다가 손님을 맞았다. 아침에는 잠자는 여행자를 깨워야 했고, 수하물과 트렁크들과 진열장들을 운반해야 했다. 또한 그들은 쌓여 있는 재고품도 열심히 팔아서 줄여나갔다. 아버지 거스 힐튼은 사장이자, 총지배인이었고, 메리 힐튼은 계속해서 음식을 만들어냈다. 또한 콘래드 힐튼은 너무 일이 많아서 다른 것은 생각해 볼 겨를도 없었고, 무엇보다 철저한 벨보이가 되었다.

어느 날 한 동부 신사가 콘래드 힐튼에게 팁으로 5달러를 주었는데 이것은 통상 25센트 정도인 정상적인 팁이 아니었다. 콘래드 힐튼이 팁으로 받은 5달러를 즉시 어머니에게로 가지고 가자, 어머니는 놀라면서 콘래드 힐튼을 쳐다보았다. 그리고는 못마땅하다는 듯이 말했다.

"그가 아무리 동부 신사라 해도 그는 미친 사람일 게다. 그런 사람은 가까이 하지 마라."

어머니는 팁에 대한 관행의 흐름을 평생 이해하지 못했다. 어머니가 일생 동안 팁으로 준 가장 큰 돈은 고작 10센트에 불과했다. 이는 후에 콘래드 힐튼이 호텔사업가로 성공한 뒤에도 마찬가지였다.

몇 개월이 지나지 않아서 호텔은 잘 운영되어 다른 사람을 고용할 여유를 가지게 되었고, 상점도 활기를 되찾기 시작했다. 힐튼 가족은 기도도 많이 하고 일도 열심히 한 까닭인지 빨리 안정을 찾았다. 그러자 거스 힐튼은 대신 상점 운영을 콘래드 힐튼에게 맡겨놓은 채 핫스프링스라 불리는 새로운 마을로 목축 사업을 찾아 나섰다.

얼마 후 가족은 소코로로 이사하기로 했는데, 그것은 항상 즐겁게 호텔 주방일을 처리했던 어머니의 주장이었다. 그곳에는 무엇보다도 어머니가 좋아하는 교회가 가까이 있었고 어린 동생들이 다닐 우수한 학교들이 많이 있었다. 항상 그랬듯이 힐튼 가족은 결정이 나면 즉시 행동으로 옮겼다. 처음에는 임시로 집을 빌려서 살았지만 얼마 안 되어서 아버지가 화강암으로 지은 멋진 저택으로 들어가 살게 되었다.

집을 소코로로 옮겼지만 콘래드 힐튼은 샌안토니오에 있는 상점과 호텔 일로 정신이 없었다. 그러나 더 이상 정식 교육을 받을 수 없게 된 처지를 비관하지도 않았다. 대신 외상

거래의 위험이나 협상과 흥정, 고객 관리 등 사업에 대한 경험을 쌓아갔다. 그것은 우리 안에 갇힌 삶이었다. 시대는 변하고 있었고 그는 우물 바깥의 세상을 잘 몰랐다. 어쩔 수 없었지만 우물 속에서 살 수밖에 없는 스물한 살의 덩치 큰 물고기였다.

콘래드 힐튼은 월요일부터 토요일까지 상점에서 생활했고, 토요일 밤 상점 문을 닫은 후에는 가족들을 만나러 소코로에 있는 새집으로 갔다. 아버지와 다툼도 가끔 생겼다. 아버지는 콘래드 힐튼을 아직도 어린아이 취급을 하고 있었다.

"가게 운영을 조금 할 줄 안다고 네가 나보다 더 낫다고 생각하니? 네가 나보다 많이 안다고 생각하는 거야?"

콘래드 힐튼은 아버지의 충동적이고 감정적인 성격에 불만이 있었다. 그래서 그는 상점 운영에 좋은 아이디어가 있어도 그것을 실행하지 않았다. 제대로 능력을 발휘할 수 없었기 때문이었다.

어느 날 아버지는 거나하게 취해서 기분이 매우 좋은 듯 콘래드 힐튼을 불러 말했다.

"코니야, 너는 지금 훌륭하게 일을 잘 해내고 있다. 이제 너에게 권리를 나누어주고 싶구나."

힐튼은 아버지에게 펜을 쥐어 주며 말했다.

"아버지, 구체적으로 말씀해 주세요. 그리고 나에게 주고 싶은 권리를 확실하게 이 종이에 적어서 서명을 해 주세요."

"오냐, 좋다. 정식으로 써 주마. 이렇게 쓰면 되겠지."

그날 밤으로 콘래드 힐튼과 아버지는 동업자 관계가 되었다. 2주 후 힐튼은 자신이 가지고 있던 아이디어대로 상점의 물품 진열을 바꾸고, 재고들을 재정리해 놓았다. 그러자 아버지가 급히 상점 안으로 들어와서는 고함을 질렀다.

"아니, 지금 무슨 짓을 하는 거냐?"

콘래드 힐튼은 당당하게 아버지에게 말했다.

"아버지, 잊으셨어요? 제가 이 가게의 동업자라는 사실을요!"

그날 이후로 아버지는 콘래드 힐튼을 어른처럼 대했고 제대로 동업자 대접을 해주었다. 힐튼은 아버지의 상점에서 11년이나 일했고, 나이도 벌써 스물세 살이나 되었다. 상점에 '힐튼과 아들A. H. Hilton & Son'이라는 상호를 새로 내걸었다. 하지만 자신의 것이 아닌 아버지의 가게임에는 변함이 없었다. 그것은 엄연한 사실이었다. 스물다섯 살이 되자 콘래드 힐튼은 이제 슬슬 자신의 장래를 스스로 개척해야겠다고 생각했다.

1912년 뉴멕시코는 미국의 한 주로서 공식적으로 선포되었다. 사촌 올라프 버섬은 공화당 중앙위원회 위원장으로 일하면서 동시에 소코로의 명예보안관 직함도 가지고 있었다. 그의 사무실은 바로 상점 이층에 있었다. 올라프는 시대의 변화에서 기회를 엿보며 주지사가 되려는 계획을 세우고 있었다. 콘래드 힐튼은 사촌과 오랜 시간 상의하면서 머리를 스쳐가는 하나의 아이디어를 얻게 되었다.

이 기회에 자신도 주의원에 출마하는 것이었다. 스물다섯의 나이에 정치가로 입문하는 것도 괜찮을 것이라고 생각했다. 콘래드 힐튼은 자신이 당선 가능성이 있다고 믿었다. 그는 자신이 뉴멕시코에서 태어났고 이곳 토박이로 살아왔다는 점, 마을의 모든 사람들의 이름과 얼굴을 모두 알고 있다는 점, 더욱 중요한 사실은 무엇보다 마을 사람들이 자신을 잘 알고 있다는 사실이었다. 그는 정치적 열정을 가지고 있었는데 그 열정으로 단지 산타페이에서 이름을 날리기 보다는 실제적으로 많은 일을 해낼 수 있을 것이라고 확신했다. 그는 출마를 선언했다.

그러나 아버지는 콘래드 힐튼의 상대편 출마자를 지지하고 다녔다. 선거 결과, 힐튼은 1821표를 얻었고, 상대편 경쟁자는 1578표를 얻었다. 최연소로 주의원에 당선이 되었는데 가족들은 축하는커녕 시큰둥한 반응을 보였다. 아버지는 노골적으로 비웃으며 가게일이나 신경을 쓰라며 핀잔을 주었다. 동생 칼은 해군사관학교에 입학하기 위해 짐을 싸면서 형에게 말했다.

"정치가는 별로야. 난 형이 정치가가 되는 데 반대야."

누나 펠리스도 역시 마찬가지로 말했다.

"나도 정치엔 별로 관심이 없어. 양장점에 선약이 있어서 난 나가봐야겠다."

승리를 거두고 활동을 시작하면서 주 의회에 드나들게 되었을 때, 그는 자기 개선을 위하여 많은 시간을 투자했다. 첫째로, 가능한 자신의 인생을 위해 저금을 빨리 증가시키려고 노력했고 둘째로, 대화와 웅변의 기술을 향상시키려고 노력했다.

콘래드 힐튼은 주 의회에서 첫 연설을 준비하기 위해 열심히 웅변 연습을 하였다. 그러나 연설을 연습할 때 잘못된 점을 고쳐 줄 사람이 없었다. 결국 어머니가 관심을 가지게 되었는데 그녀는 자신이 가진 상식으로 부드럽게 지도해 주었다. 어느 날 밤에 다시 연설을 연습하게 되었는데 그의 어머니도 참석했다. 그는 웅변책에 나와 있는 교훈대로 '나의 목소리를 웅장하게 만들기 위해서' 알프레드 테니슨의 시를 암송했다.

그의 어머니는 끝까지 정중하게 웅변을 들어주었다. 다 듣고 나서 그녀가 말했다.

"매우 훌륭한 시구나. 그러나 코니야, 만일 네가 의회에서 연설을 해야 한다면 이런 시는 소용이 없다. 너는 문화 강연회의 사회자가 아니기 때문이다."

그러자 콘래드 힐튼은 "어머니, 그렇지 않습니다"라며 어머니에게 항의했다. 왜냐하면 그 당시 대부분의 위대한 강사들은 수사법과 미사여구를 많이 썼기 때문이었다.

그녀가 확신을 가지고 말했다.

"코니야, 그런 식으로 위선을 부리는 것은 죄스러운 일이다. 그것은 수많은 제스처로 너 자신을 숨기는 것이다. 만일 네가 너다운 사람이 되기를 두려워한다면, 그것은 하나님의 얼굴에다 오물을 던지는 짓이란다. 그분은 너를 만드셨단다. 만일 네가 그분을 신뢰한다면 너는 먼저 평안을 가져야 한다. 그래야 너다운 사람이 될 수 있단다. 그러므로 이것을 연습하기보다는, 이것에 대해서 기도하는 것이 연설을 더 잘해낼 수 있는 길임을 알아야 한다."

주 의회가 개최되던 날, 콘래드 힐튼은 자신이 할 연설에 대해서 먼저 하나님께 기도했다. 그는 연설을 시작하려고 했을 때 군중을 쳐다보았다. 두 손은 자연스럽게 그대로 두고 할 말만 하고 나서 자리에 와 앉았다. 그것은 잘 통했고 그 이후로도 마찬가지였다. 그는 그 후부터 조금이라도 교만스러운 연설을 하고 싶은 유혹이 생길 때마다, 그것은 하나님에 대한 신뢰 부족에 근거한 것임을 명심했다. 그것은 어머니의 말대로 전지전능자의 얼굴에 오물을 던지는 짓이라는 사실을 상기했던 것이다.

처음 주의원 시절 콘래드 힐튼은 8개의 위원회를 위하여 봉사했다. 여러 토론회에 참석했으며, 19개의 안건을 의회에 제출하여 그중 9개를 통과시킬 정도로 바쁘게 일했다. 또한 그는 고생하는 사람들을 위해서 일하느라고 자신의 모든 시간을 투자했다. 그리고 진실로 즐겁게 시간을 보내려고 노력했다.

그러나 그는 경험이 없는 젊은 의원이 할 수 있는 것은 거의 없다는 것을 깨달았다. 콘래드 힐튼이 무엇보다도 크게 좌절했던 것은 관료주의와 적당주의, 정치적 뒷거래에 대한 완전한 비생산성에 대한 것이었다. 자신이나 다른 의원이 제출한 좋은 의안이 사리사욕과 게으름, 잘못된 절차에 의해서 받아들여지지 않는 경우도 종종 볼 수 있었다.

그가 제출한 법안 중 한 가지가 채택되었는데, 그것은 아마도 당시에는 별로 의미가 없는 것으로 간주되었기 때문이었다. 그는 조만간에 자전거보다는 자동차가 더 많이 보급될 것이라는 점을 확신하고 있었다. 그래서 고속도로에 대한 몇 가지 의안을 제시했었는데, 그것은 오늘날까지도 사용되고 있다. 범죄의 초래를 막기 위해서 영화 제작을 금지시키자는 몽상과도 같은 의안도 있었지만 채택되지 않았다. 그가 가장 바랐던 공공 자금 법안이 거절되자, 그는 정치가의 길을 포기하기로 결정했다.

그의 어머니는 이런 결정을 한 콘래드 힐튼을 보고 물었다.

"코니야, 너는 산타페이에 있는 동안에 네가 알아야 할 가치 있는 것에 대해서 어떤 걸 배웠느냐?"

콘래드 힐튼이 어머니에게 말했다.

"어머니, 중요한 것은 정치가가 되고 싶지 않다는 것을 배웠다는 것입니다. 다시는 정치가가 되고 싶지 않습니다."

정치가의 길을 포기한 콘래드 힐튼은 새로운 사업을 찾았다. 그는 조심스럽게 공공 자금을 취급하는 은행 조직을 살펴보았는데, 결국 그 자금은 미국에 산재한 부실한 은행들에 정치적 특혜로써 예치되어 있음을 알게 되었다. 이런 은행들은 페인트가 채 마르기도 전에 부도가 나서는 자금을 무가치하게 만들곤 했다.

얼마의 시간이 흐른 뒤, 다시 어머니를 만난 힐튼이 말했다.

"정치가가 되지 않기로 결정한 후부터, 집에 돌아올 때까지 낙타의 걸음을 배우느라고 세월을 보냈습니다."

"코니야, 이제 무엇을 할 예정이냐?"

"어머니, 저는 이제 앞으로 무엇을 할 것인지를 똑바로 알고 있습니다. 은행가가 될 것입니다. 그것은 내 인생의 진정한 야망입니다. 기다려보십시오. 언젠가는 리오그란데의 주택가와 상가에 3개 내지 4개의 은행을 세울 것입니다. 지금 당장 우리 집에서부터 은행 사업을 시작할 것입니다. 은행의 이름은 뉴멕시코 주 샌안토니오 은행입니다."

첫 사업

처음에 거스 힐튼은 아들이 은행 사업을 하려는 것을 못마땅하게 생각했다.

"그것은 무의미한 짓이다. 사업에는 여러 가지 종류가 있다. 어떤 사업을 하고 싶으냐?"

"은행 사업입니다."

거스 힐튼은 아들의 무의미한 사업이 자신에게 이익이 될 수도 있다고 생각한 나머지, 자신이 볼 때 웃기는 짓을 하는 아들을 지켜보기로 결정했다. 그는 결국 방황하는 아들을 집에 머물러 있게 할 꿀을 발견했다고 생각했다.

거스 힐튼이 아들에게 불평조로 말했다.

"나에게 주식을 10주 주어야 한다."

그것은 1000달러짜리 꿀에 해당하는 것이었다. 콘래드 힐튼은 자신이 그때까지 모아둔 2900달러를 즉시 투자했다. 목표는 300주를 발행하는 것이었으므로, 271주를 더 모아야 했다. 그는 말안장의 먼지를 털어내고, 새로운 상품을 팔기 위해서 말을 타고 여행을 떠났다. 평생 처음으로 자신과 자신의 말과 자신의 성실을, 즉 무형의 상품을 팔려고 했던 것이다.

그러나 그것은 쉽지 않았다.

여름 내내 말을 타고 동서남북으로 다니면서, 어떤 목장에서는 몇 개의 주식만 내밀며 사라고 권했고, 상대하기 어려운 사냥꾼들의 캠프에서는 좀 더 많은 주식을 사라고 권했다. 언젠가 아버지의 상점에서 구두 한 켤레를 구입했던, 부유한 스페인 여자와도 권했다. 그녀는 다시 완강하게 거절했지만 결국 그녀에게도 여러 장의 주식을 팔 수 있었다.

그는 돈을 모으는 방법에 대해 많은 것을 깨달았다. 또한 일단 공적인 주주들을 가지게 되면, 마음대로 포기할 수가 없다는 사실도 알았다. 그는 물론 포기하기를 원하지 않았다. 그에게는 자신을 신용하여 자본을 맡긴 사람들에 대한 책임이라고 불리는 멍에가 있었다. 그는 이 멍에를 가볍고 기쁘게 메고 다녔으며, 매사에 자신만만했다. 또한 평생 처음으로 투자가들에 대한 강한 보호 의식을 가지게 되었다.

1913년 9월경에, 목표인 3만 달러에 해당하는 300주의 모금을 달성했다. 뉴멕시코 주 샌안토니오 은행은 이제 공인을 받고, 거스 힐튼의 가게 근처에 텅 비어있는 네모진 작은 빌딩에서 개업하게 되었다.

하지만 그 은행은 결코 자신의 것이 아니었다. 발바닥이 부르트도록 투자자를 모아 설립한 은행이었지만 자신의 은행이라고 생각했던 것은 그의 착각이었다. 주주 총회에 참석한 대주주 몇몇이 교활한 방법으로 70세의 알레어를 은행장으로 선출했기 때문이었다. 콘래드 힐튼은 현금 출납계원이라는 직위도 얻지 못했고 봉급도 없었다.

어느 나이 든 목장주가 힐튼을 위로하려고 노력했다.

"코니야, 내 말을 들어봐라. 너는 착한 청년이다. 영리한 청년이지. 알레어 씨는 일리노이 주의 피오리아에서 은행업에 대한 경험을 쌓은 사람이야. 너는 은행이 잘 돌아가기를 바라지, 그렇지 않니? 은행은 지역 사회에 커다란 공헌을 할 수 있을 거야."

콘래드 힐튼이 반문했다.

"누가 그 은행을 처음으로 생각해냈나요? 그것이 누구의 아이디어였나요? 일은 누가 했나요?"

콘래드 힐튼은 은행이 잘 돌아가기를 원했다. 그것은 자신의 은행이라고 생각했다. 그는 그것을 시작하기 위해서 많은 사람들에게 많은 약속을 했다. 그것은 그의 꿈이었고, 일이었고, 기도였다. 그리고 그것은 실현되었다. 그런데 그를 신용하고 돈을 맡긴 투자가들이 그를 몰아낸 것이었다.

콘래드 힐튼은 매우 고통스러워했고, 어떻게 해야 할 지

갈피를 잡지 못했다. 교회에 가서 하나님께 정의와 부정에 대해서 오랜 시간 동안 기도를 드렸다. 처음에는 마치 하늘에 폭격을 해대듯 정신없이 일방적으로 기도를 드렸다. 그러나 모든 고통을 쏟아놓고는, 한동안 꿇어앉아 있었다. 그렇게 얼마간의 시간이 흘렀고 어느 순간 잡념이 하나도 남기지 않고 없어졌다.

콘래드 힐튼은 그때 자신을 몰아낸 것은 투자가들이 아니라, '투기꾼들'이라는 사실을 분명히 알게 되었다. 투기꾼들이 그와 그를 신용한 아버지를 몰아낸 것이었다. 그는 대책을 강구했다. 그것은 침착한 머리, 조용한 언변, 그리고 인내를 요구하는 것이었다. 해마다 개최되는 주주 총회를 기다리면서 주주 총회를 알리는 통지서가 날아올 때까지 상점 안에 있던 우체국을 살펴보았다. 통지서는 어느 토요일 아침에 배달되었다. 통지서에 의하면 주주 총회는 월요일 오후 4시에 개최되기로 되어 있었다. 그는 아버지 거스 힐튼과 자신이 문외한들에 의해서 밀려난 것은 자신의 정의감에 위배된다는 것을 알았다.

콘래드 힐튼은 눈을 반짝이며 말했다.

"그들이 우리를 몰아냈다. 나는 매우 불쾌하다."

콘래드 힐튼은 말을 타고 이틀 동안 밤낮으로 말을 타고 다니며 시간과 장소를 가리지 않고 많은 사람들을 만났다.

그가 주주 총회가 개최되기 직전에 샌안토니오로 돌아왔을 때, 은행을 조종할 수 있는 충분한 위임장들을 가지고 있었다. 그러나 그곳에는 더 이상 조종할 수 있는 은행이 없는 것 같았다.

거스 힐튼이 아들에게 말했다.

"오늘 아침 은행문을 열자마자 돈을 찾아가려는 예금자들의 줄이 이어지고 있다. 이러다가는 두 마리의 은색 독수리만 남아서 대화를 나눌 것 같구나. 너는 알레어가 네가 무엇을 하러 갔다가 왔는지 모른다고 생각하니? 혼자서는 은행을 시작할 수 없다. 그렇지 않니?"

콘래드 힐튼은 얼굴에 땀을 닦으며, 실망을 표하면서, 분노가 가득한 음성으로 말했다.

"어떤 사람들은 혼자서도 은행을 시작할 수 있습니다."

그는 아버지도 무척 바빴다고 말하려는 기회를 아버지에게 주지 않았다. 그는 아버지의 웃음을 보았고, 또 아버지가 감정에 사로잡혀 있는 것도 보았다. 그것은 오직 한 가지를 의미하는 것이었다. 알레어가 아버지의 뜻대로 행동한 것 같았다. 아버지는 콘래드 힐튼이 실패하기를 바랐다. 아버지는 속임수를 사용해서라도 콘래드 힐튼을 다시 상점으로 돌려보내고 싶어 했다.

콘래드 힐튼과 거스 힐튼이 이사회가 개최될 방으로 들어

갔다. 알레어가 만족스러운 표정을 지으며 말했다.

"출납계원이 폐사 선언을 하겠습니다. 우리는 망했습니다."

그때 거스 힐튼이 큰 소리로 말했다.

"그렇지 않습니다."

그는 불룩한 호주머니에서 두 장의 전보를 꺼냈다. 하나는 엘패소에 있는 텍사스 신탁은행에서 내일 아침에 3000달러의 현금을 송금하겠다는 내용이 담긴 것이었고, 다른 하나는 앨버커키 국립제일은행에서 같은 금액을 역시 내일 아침에 송금하겠다는 내용이 담긴 것이었다.

샌안토니오은행에 재산이 생기게 된 것이었다. 결국 콘래드 힐튼은 부사장이 되었다. 스물여섯 살에 당당하게 은행가가 된 것이었다. 성공적인 은행가가 되기 위해선 더 많은 노력을 해야 했고, 또한 이것은 더 많은 일을 의미하는 것이었다.

이제는 더 많은 재산과 자금이 필요했다. 목장주나 사냥꾼이나 농부가 은행에 찾아오지 않는다면, 그들이 찾아가야 했다. 그러나 이것은 단순히 예금주들을 찾아내기 위해서 집집마다 방문을 하거나, 막 기어 들어가는 것만을 의미하는 것이 아니었다. 그것은 사람들에게 은행의 유익함을 교육시키는 의미도 내포되어 있는 것이었다. 오랜 세월 동안 사람들이 믿을 수 있는 은행은 커피주전자, 땅에 묻어둔 상자, 혹은 구식 금고였다. 당시에 사람들은 저금이나 이자에 관해서 아는 것이 하나도 없었다. 그래서 그들에게 돈을 은행에 저금하는 것은 그들에게 더 많은 돈이 생기게 되는 것임을 보여주어야 했다. 그것은 쉽지 않았다. 그들은 콘래드 힐튼의 아이디어를 의심했다. 어떤 이들은 그것을 비합리적인 것이라고 생각했고, 다른 이들은 그것이 불완전한 것이라고 생각했다. 그리고 실제로 그들의 커피주전자, 땅에 묻어둔 상자, 구식 금고에는 많은 돈이 없었다.

사람들은 조금씩 조금씩 저금을 했다. 은행도 조금씩 커져 갔다. 그리고 돈을 융자해줄 경우에는 재산을 가진 사람을 보증인으로 세웠기 때문에, 융자금과 이자를 환수하는 것은 문제가 아니었다.

은행을 발전시키기 위해서는 많은 시간과 노력이 요구됐다. 은행은 날마다 번창했다. 은행사업을 시작한 후 2년이 되었을 무렵에 샌안토니오은행의 자산은 13만 5000달러가 되었다. 콘래드 힐튼은 그때 비로소 자신이 큰 성공을 거두었다고 생각했다.

사업이 어느 정도 궤도에 오르자, 콘래드 힐튼은 앨버커키에서 여러 명의 자격이 있는 총각들과 유명한 상류층 사교 모임인 '30인 클럽'을 만들었다. 의류상으로 유명한 지역 유지 에메트 본헤이를 비롯한 많은 사람들과 사귀며 차츰 인

맥과 사업 발판을 넓혀가기 시작했다. 청년변호사인 윌 켈러허와 앨리스 헌돈과도 알게 되었다. 이때 쌓아둔 친분이 콘래드 힐튼의 인생에 많은 도움이 되었다.

†

그 옛날 소코로의 뉴멕시코 광산학교에서 배운 고등수학이 내게 큰 도움이 되었다. 호텔경영에 미적분, 대수학, 기하학이 필수조건은 아니다. 그러나 어릴 때부터 난 산수에 재미를 붙여 고등수학을 재빨리 풀어낼 공식을 만들어낼 수가 있었다. 나의 사업은 늘 은행가, 법률가, 수많은 고문들의 전문 지식에 둘러싸여 있다. 이들 의견을 주의 깊게 듣는 것도 중요하지만 누군가는 그것을 통합하여 올바른 결정을 내려야만 하는 것이다. 그리고 즉석에서 그 난관을 헤쳐 나갈 공식을 발표해야 하는 것이다. 내게 있어 고등수학은 정신적인 훈련을 쌓아가는 데 큰 도움이 되었다.

콘래드 힐튼

Chapter 05

프랑스 전선으로

군 입대

제1차 세계대전이 일어나자 전 세계가 전쟁의 위험을 느꼈다. 미국은 전쟁의 중립을 선언했다. 그러나 루시타니아라 불리는 배가 독일 잠수함의 공격에 의해서 침몰을 당했는데, 이 배에는 미국인들도 끼어있었다. 이것을 계기로 미국은 독일에 선전 포고를 하고 전쟁에 참전했다. 미국 전역이 떠들썩했다.

그 무렵에 콘래드 힐튼은 남서부 지방을 돌아다니며 로즈버그, 테밍, 로즈웰에다 은행 지점을 개설하고 싶어 했다. 그러나 어디를 가든 전쟁 이야기만 들려왔다. 미국도 전쟁에 참여할 것인가? 그는 샌안토니오로 돌아오는 길에 그랜드 캐년에 머물면서 곰곰이 생각을 정리했다.

'군대에 갈 것인가? 아니면 지금 잘해 나가고 있는 은행을 정리해야 할 것인가? 하나님, 전 지금 어디로 가야할지 갈

길을 몰라 주저하고 있습니다.'

콘래드 힐튼은 어떻게 할지 결정을 못해 고민하고 있었다. 그는 계속해서 하나님께 기도했다. 그러다 어느 순간 힐튼의 고민, 불안, 공포 그리고 번민이 사라지고 마음에 용기와 희망이 생겼다.

'그래, 일단 은행은 정리하자. 이런 시기에 내 개인의 이익에만 집착하는 것은 불명예스러운 일이다.'

그는 덴버 출신의 젊은 은행가인 이라 카스틸과 대화를 나누었다. 이라가 말했다.

"나는 결정을 할 수가 없습니다. 정말 어떻게 해야 좋을지 모르겠습니다."

콘래드 힐튼이 말했다.

"나는 군에 가기로 결정했습니다. 지금 나에게는 미국인의 명예가 첫째고, 은행가는 둘째입니다. 지금은 내가 해야 할 더 큰 일이 있습니다. 명예이지요. 군 입대는 의무가 아니라 명예입니다."

콘래드 힐튼의 말을 듣고 있던 이라 카스틸이 놀라움을 금치 못하며 힐튼의 손을 잡으며 말했다.

"힐튼 씨, 저도 전쟁에서 뭔가 일을 하고 싶습니다. 전쟁이 끝나면 우리 함께 큰일을 해 봅시다."

이후 헤어져 다시 만났을 때, 이라 카스틸은 심장병 증세 때문에 육군 당국으로부터 입대를 거절당했다. 대신 적십자 부대에 입대하려 노력하고 있다고 말했다.

은행은 시간이 걸렸지만 결국 팔렸다. 콘래드 힐튼은 군 입대 수속을 밟았다. 미국 장교훈련사령부로부터 입영하라는 명령이 떨어졌다. 어머니는 콘래드 힐튼의 눈을 똑바로 쳐다보면서 말했다.

"코니야, 너는 어디에 있든 기도를 잊어서는 안 된다. 또한 너는 식구에 대한 기도의 짐도 지고 있어야 한다."

아버지와 어머니와 동생들이 소코로 기차역에 나와 떠나는 콘래드 힐튼에게 손을 흔들어 주었다. 어머니는 떠나는 아들을 바라보며 마음속으로 간절히 기도했다.

'하나님, 코니에게 하나님께서 주신 사명을 발견하도록 도와주시옵소서.'

콘래드 힐튼이 샌프란시스코 장교훈련학교에서 사귄 첫 번째 친구는 빌 어윈이었다. 그는 캘리포니아 대학을 우등생으로 졸업한 사람으로 매우 친절하고 박식했으며 대도시 출신답게 세상물정에도 밝았다. 힐튼은 빌 어윈과 같이 소위 계급장을 달았고, 프랑스 근무를 지원한 채 플로리다 주 존슨 캠프에 배치되어 지루하게 기다렸다. 그러다 1918년 발렌타인 축제일에 프랑스로 가라는 명령을 받고 뉴욕 항으로 떠났다.

그들은 뉴욕에서 한 호텔을 숙소로 정했다. 뉴욕 땅을 처음 밟아본 콘래드 힐튼은 도시의 스케일에 압도당했다. 뉴욕은 침울하게 보이는 곳이 하나도 없었다. 그 도시는 거대했고 수많은 사람들이 바쁘게 돌아다니고 있었다. 뉴욕은 완전무장이 되어 있는 것 같았다. 힐튼은 빌 어윈과 브로드웨이를 걸으면서 말했다.

"이방인은 이 도시에서 출세하기가 어렵겠는걸."

그러자 빌이 말했다.

"이방인도 누구나 이 도시에서 출세할 수 있어. 단지 어려울 뿐이지."

3월 14일, 두 사람은 뉴욕 항에서 열두 시간을 배를 기다렸다. 거대한 상선이 하나 도착했다. 겉으로 보기에도 평범한 상선이었다. 힐튼이 이상하다는 듯이 빌에게 말했다.

"아니 이 배는 민간용 배 아냐?"

빌이 말했다.

"저 배는 민간용 배처럼 보이게끔 위장된 군함이야. 선체 내부는 안 그럴 걸."

빌의 말대로 그 배는 '맷소니아'라고 불리는 군함이었다.

프랑스 전선을 향한 항해 첫날부터 콘래드 힐튼은 선실에 앉아 커버가 붉은 가죽으로 된 작은 수첩에 일기를 썼다. 그가 제일 먼저 적기 시작한 내용은 자신의 신상명세였다.

'콘래드 힐튼, 샌안토니오 출생, 29세, 키 6피트 2인치, 체중 160파운드, 모자사이즈 7.5인치, 구두 11.5인치, 코트 38, 셔츠 칼라 16, 바지 34.'

그리고 수첩 뒷장에는 자신만 알아볼 수 있도록 보험료 지불일과 은행사업을 하던 시절부터 보유하고 있던 몇 개의 광산 임대료를 받을 날짜 등을 적어 두었다. 항해는 한 달간 계속되었다. 두 사람은 대서양에 면해있는 알카숑 항에 내려 소속부대 미 육군 304 노무대대를 찾아 보르도로 갔다. 그러나 부대가 이미 전방으로 이동했다는 사실을 알고 파리를 거쳐 뚜르로 갔다. 뚜르에서 소속부대를 찾느라고 두 시간을 허비했다. 부대는 전방 근처에 있었고, 임무는 화물과 일용품을 전방으로 보급하는 일이었다. 신고 첫날부터 독일 전투기들이 공습을 해왔다. 두 사람은 난생 처음으로 죽기 아니면 살기로 공중을 향해 사격을 했다. 여느 때보다 폭격이 심해진 시기에 도착했다는 것을 알 수 있었다. 매일 부상병이 속출했고 시도 때도 없이 공습 사이렌이 울렸다. 전쟁은 인간을 무기력하게 만들었다.

그해 10월 두 사람은 명령에 따라 라옹에 있는 대대본부로 가게 되었다. 대대본부의 대장은 제이 C. 파워스 소령이었다. 그는 신뢰할 수 있는 유능한 지휘관이었다. 그는 군에 오기 전 변호사 생활을 했고, 활달하고 쾌활한 성격에 멋진 근육질의 남성미가 넘치는 사나이였다. 파워스는 곧 소령으로 진급했다. 전쟁이 소강상태로 접어들었다. 11월 5일, 오스트리아와 휴전 조약을 맺었고, 전쟁은 끝났다. 그러나 콘래드 힐튼과 빌 어윈, 파워스 소령, 이 세 사람이 속한 부대는 여전히 명령에 의해 프랑스에 주둔해 남아 있었다.

아버지의 급작스런 죽음

1919년 1월 4일, 어머니에게서 아버지가 사망했다는 내용이 담긴 전보가 왔다.

'자동차 사고로 아버지께서 별세하셨다. 빨리 집으로 오너라. 어머니.'

5주 후에 콘래드 힐튼은 뉴저지 주의 딕스 부대에 있었다. 그때 아버지의 사고에 대한 상세한 이야기를 들었다. 아버지는 새해 이브에 사업상의 약속을 지키려고 그의 옛 포드 자동차를 몰고 대로를 따라서 내려가다가, 빙판길에 미끄러져 하수구에 빠져 즉사했던 것이다. 64년간을 역동적인 생애를 보내고, 아버지는 일하러 가다가 죽음을 맞이한 것이었다.

1919년 2월 11일에, 콘래드 힐튼은 딕스 부대에서 육군으로 제대했다. 그는 집으로 향하는 첫 기차를 탔다. 그의 아버지가 사라짐에 따라서 사업도 사라져 버렸다. 그는 첫 번째 동업자를 잃어버린 것이다. 아버지 거스 힐튼의 죽음으로 샌안토니오 마을도 흔들리기 시작했다. 콘래드 힐튼은 아버지가 사고를 당하던 날 밤까지 호주머니 속에 넣고 다니던 수첩에 구상되어 있던 여러 가지 미결된 사업 문제들을 해결하기 위해서 한동안 고향에서 시간을 보냈다.

거스 힐튼은 최고의 자리에서 죽지도 않았지만 최저의 자리에서 죽지도 않았다. 동산, 부동산, 투자 현금을 통틀어서 아내에게 4만 달러를 남겨두었다. 출가하지 않은 힐튼의 동생들을 충분히 보호할 수 있는 돈을 남긴 것이었다. 그러나 힐튼의 아버지가 남긴 것은 돈만이 아니었다. 힐튼의 아버지가 살아 있을 때 마을을 발전시키기 위해서 힘껏 노력했기에, 마을 사람들은 그의 아버지가 죽은 것을 무척 슬퍼했던 것이다.

그러나 콘래드 힐튼의 아버지가 36년 동안 노력하여 얻게 된 리오그란데에 있는 그의 재산은 퇴락을 면치 못했다. 주인을 잃은 집처럼, 문들은 헐기 시작했고, 지붕 판자가 떨어졌고, 게다가 건물은 그 자체가 허물어지기 시작했다. 남은 그의 가족들은 상상 외로 이것에 민감하게 슬픔을 느꼈다.

어느 날 아침에, 샌안토니오의 큰 거리에서 어느 나이 많은 멕시코 인이 콘래드 힐튼을 불러 세운 후에 눈물을 글썽이며 서툰 영어로 말했다.

"이봐요, 힐튼 씨. 모든 사람들이 거스 힐튼 씨의 죽음을 대단히 아쉬워하며 슬퍼하고 있습니다. 그 분을 잃은 것은 크나큰 손실입니다."

힐튼의 아버지는 그렇게 사망했고, 그는 이제 제대 군인이었다. 힐튼이 소코로로 돌아온 지 3개월이 지났지만, 그의 생활은 방식이나 목적이 없는 것 같았다. 무기력했고, 인내심도 없었고, 절망을 면치 못하고 있었다. 그러다가 시간이 점차 흐르면서 모든 것이 현실로 받아들여졌고, 다시 어떻게 살 것인가 고민하게 되면서 서서히 상실감에서 벗어났다.

그리고 또다시 바위처럼 확고부동한 믿음을 가지고 있는 콘래드 힐튼의 어머니가 34년간 동반자였던 남편을 잃은 슬픔을 극복하고 장남을 보살피기 시작했다. 어머니는 콘래드 힐튼에게 엄격하게 말했다.

"코니야, 이제 너는 너 자신의 개척지를 찾아야 한다."

콘래드 힐튼이 주저하는 눈치를 보이자, 그녀는 "너의 아버지의 친구 중 한 분은 위대한 개척자셨다. 그 분은 이렇게 말한 적이 있다. '만일 큰 배들을 진수시키려면 먼저 깊은 물이 있는 곳으로 가야 한다'라고."

콘래드 힐튼은 매우 활기찬 사람이었다. 자신의 꿈은 물론, 아버지의 남은 꿈까지 실현시키기 위해서 노력하던 서른한 살의 청년이었다. 그는 18년간을 죽어라 열심히 일했다. 열세 살 때 아버지 가게의 점원이 되었고, 그 다음에는 행상, 상인, 정치가, 은행가, 군인이었던 그였다.

전쟁이 일어나기 전에도 은행가가 되기를 원했고, 전쟁이 끝난 후에도 계속 은행가가 되기를 원했었다. 그러나 이제 그에게 은행은 없었다. 콘래드 힐튼에게는 저금한 돈, 5011 달러가 있을 뿐이었다. 그렇지만 그에게는 좋은 아이디어가 있었다. 콘래드 힐튼은 앨버커키로 갔다.

소코로는 웅덩이요, 앨버커키는 연못에 불과한 곳임을 잘 알고 있었지만, 그곳은 출발점이었다. 그곳에는 1만 5000명의 주민이 살고 있었고, 많은 동부인들이 건강에 좋은 기후를 찾아 몰려들어와 전국적 교류가 활발한 분위기를 풍기고 있었다. 콘래드 힐튼은 뉴멕시코에다 힐튼 은행의 체인을 이룩하겠다는 결심을 하고, 5011달러를 가지고 그곳으로 갔다. 그것은 상당히 멋있고 실현할 수 있을 것 같은 꿈이었다. 콘래드 힐튼은 그래서 한동안 그것을 실현시키려고 노력했다.

그러나 그것은 악몽으로 끝났다. 오히려 그것을 실현하려다 친구들과 사업가들로부터 비웃음만 받았다. 때가 알맞지 않았다. 장소도 알맞지 않았다. 게다가 자금이 너무 적었다.

그는 사람들을 향해 외쳤다.

"나는 2900달러로 은행 사업을 시작했던 사람입니다."

　사람들은 그에게 그런 것은 잊으라고 경고했다. 시간이 흐름에 따라 모든 것이 변했다. 모든 사업은 이미 잘 짜여져 돌아가고 있었다. 그의 아버지가 1880년 당시에 산타페이에서 목격한 것처럼, 그는 이미 기존 상인들이 대부분의 기회들을 활용하고 있다는 사실을 발견했다. 그들은 콘래드 힐튼에게 뉴멕시코 전역에서도 똑같은 현상이 전개되고 있다고 말해주었다. 그것은 실망스런 것이었다. 그러나 콘래드 힐튼에게는 꿈이 있었다.

✝

행동 없이는 행복도 없다
성공의 비결은 그 목표가 뚜렷하고 변하지 않는 데 있다.
성공하지 못하는 것은 처음부터 끝까지 한 길을 가지 않기 때문이지, 그 길이 험하기 때문이 아니다. 오직 한 곳에 집중하여 정진하면 쇠를 뚫고 만물을 굴복시킬 수 있다.

콘래드 힐튼

Chapter **06**

세 번째 열쇠를 찾아서

텍사스로 가다

그즈음 에메트 본헤이에게서 소식이 왔다. 본헤이는 죽어가고 있었다. 그는 콘래드 힐튼보다 나이가 많았지만 힐튼의 절친한 친구였다. 본헤이의 아내 테스와 딸 일리노어는 죽어가는 그를 보살피고 있었다. 본헤이는 사람들을 거의 만나지 않았으나 힐튼을 만나고 싶어 했다.

본헤이는 베개에 기대앉아서 똑똑한 목소리로 시급하다는 듯이 힐튼에게 말했다.

"코니 씨, 텍사스로 가세요. 그러면 당신은 부자가 될 것입니다."

그것은 어느 모로 보아도 명령이었다.

에메트 본헤이는 힐튼이 모르는 사실들을 알고 있었다. 1890년에 그는 일리노이 주에서 보수적인 사업을 포기하고 오클라호마 주의 유전 지대로 갔었다. 그는 약삭빠른 석유 전문가들로부터 보고서를 입수하고 있었다. 석유! 힐튼은 그것에 관해서는 아는 게 하나도 없었다. 힐튼이 말했다.

"본헤이 씨, 저는 석유에 관해서 아는 게 하나도 없습니다."

"나도 당신과 마찬가지요. 그러나 가서 보면 알 수 있어요. 석유가 있는 곳에는 활기가 있소. 돈, 사업, 건물, 상업, 은행 사업, 뭐든지 있어요!"

버크버넷과 레인저 유전에서 굉장히 많은 석유가 솟아오르고 있었기 때문에 텍사스는 발전에 발전을 거듭하고 있었다. 레인저 유전들에서만 2년 동안에 2억 달러에 해당하는 석유가 솟아올랐다. 그것은 뉴멕시코에까지 보급되고 있었다.

본헤이가 다시 말했다.

"코니 씨, 텍사스는 새로운 개척지예요. 그곳에서는 개척이 시작되고 있어요……."

콘래드 힐튼은 '너는 너 자신의 개척지를 찾아야 한다'고 말한 어머니의 말이 생각났다.

그는 이렇게 말했다.

"제가 가지고 있는 돈은 얼마되지 않습니다. 만일 뉴멕시코 사람들이 나의 돈 5000달러를 보고 비웃었다면, 아마도 텍사스 사람들은 이것을 담뱃값 정도에 여길 것입니다."

본헤이가 말했다.

"모든 것은 당신에게 달려 있어요. 여기에는 당신의 돈을 투자할 만한 곳이 없어요. 그것은 절대로 많은 돈이 아니오. 그러나 그 돈도 어떤 사업을 시작할 수 있는 자본임에는 틀림없소. 만일 당신이 나의 충고를 따른다면, 당신은 당신의 돈을 늘릴 수 있을 겁니다."

콘래드 힐튼은 자리에서 일어나면서 말했다.

"알겠습니다. 본헤이 씨의 아이디어는 참 좋습니다. 내일 여기에 와서 결정하겠습니다."

그때 본헤이가 말했다.

"앉아보세요. 나는 이 세상에 언제까지 있을 지 알 수가 없어요. 그리고 그곳에 갈 수도 없고요. 갈 수 있다면 가겠지만, 어쨌든 나는 당신에게 한 명의 동업자를 소개해주고 싶습니다. 그의 이름은 드라운입니다. 나는 당신보다 그를 안지가 오래되었소. 그는 자본을 가지고 있지는 않지만 눈치가 아주 빠릅니다. 그는 오클라호마 주에 있는 작은 마을과 샌디에이고에서 은행가 생활을 했었소. 그는 텍사스에 가기를 원하지만 아내와 아이들이 딸려 있어 두려워하고 있어요."

본헤이의 말을 듣고 힐튼은 이렇게 제안했다.

"그러면 제가 먼저 텍사스에 가서 모든 것을 살펴보고 보고를 드리는 것이 좋을 것 같습니다."

"코니 씨, 나는 이제 세상에 오래 머물지 못할 것예요. 당신과 드라운이 협력하면 모든 것이 잘 성취될 겁니다. 그는 아는 사람이 많고, 성실한 사람입니다. 코니 씨, 나는 당신을 신뢰합니다. 내 아내에게 약간의 보험금을 남겨주게 되어 있는데, 내가 죽고 난 후에 그 돈의 일부를 당신에게 투자할 수 있었으면 합니다. 그것을 큰 사업을 위하여 투자하시기 바랍니다. 당신이 잘할 수 있다는 것을 나는 알고 있습니다. 나는 텍사스를 믿어요. 그리고 당신을 믿고요. 석유가 있는 곳에는 활기도 있소⋯⋯은행업⋯⋯텍사스에는 많은 은행이 있소. 큰 배를 진수시키려면 깊은 물이 있는 곳으로 가세요. 코니 씨, 텍사스로 가세요. 그러면 당신은 분명히 부자가 될 것입니다."

힐튼은 여러 달 만에 갑자기 활기를 느꼈고, 열정과 흥분과 모험심이 솟구쳐 올랐다.

"결정했습니다. 감사합니다. 본헤이 씨!" 힐튼은 다음 기차를 타고 바로 텍사스로 갔다.

힐튼이 텍사스 위치타 폴즈 역에서 내리자마자 에메트 본헤이 씨가 옳았다는 것을 단숨에 알 수 있었다. 텍사스는 용광로의 화염과 같이 활기와 열기가 가득했다. 청바지에 긴 가죽장화를 신은 석유업자들이 많이 보였고, 이들 하나하나가 모두 백만장자와 같이 보였다. 거리에는 도박장, 백화점,

은행, 레스토랑, 호텔이 즐비했다. 또한 그곳은 탐욕이 가득했다. 사실 기차를 타고 오면서 힐튼은 은행을 살 생각만 하고 있었다.

역에서 나오자마자 힐튼은 그 도시에서 처음 본 은행으로 찾아가서, 은행장에게 직선적으로 물었다.

"이 은행을 얼마면 팔겠습니까?"

갑작스런 제안에 은행장은 차갑게 한마디로 대답했다.

"은행을 팔라고요? 어떤 값을 낸다고 해도, 우리는 이 은행을 팔지 않을 것입니다."

힐튼은 다시 포트워스 서쪽 레인저 유전지대 근처에 있는 브레큰리지로 갔다. 그곳에서도 마찬가지였다. 마시는 식수조차 석유 때문에 값이 오르고 있었다. '은행을 살 수 없다면 유전이라도 사보자.' 그러나 아무리 좋은 가격을 제시해도, 팔려고 내놓은 유전이 없었다. 그는 더 남쪽으로 내려가 레인저 유전지대에 붙어 있는 시스코 시로 향했다.

힐튼은 기차역에서 내리자마자 다시 처음 본 은행으로 달려갔다. 다행히 그 은행은 정말 팔려고 내놓은 은행이었다. 그는 흥분을 느끼면서 은행에 관한 모든 것을 살펴본 결과 값은 타당하다고 생각했다. 부재중인 소유주는 7만 5000달러를 원했다. 그 은행은 전망이 있어보였고 잘되면 텍사스에서 은행을 하나 가질 수 있을 것 같았다.

힐튼은 자신의 수중에 있는 5011달러와 7만 5000달러의 차액이 별로 중요하지 않았다. 왜냐하면 언제든 전망이 있는 사업이 생긴다면 자금을 구하기는 쉽다고 생각했기 때문이다. 은행은 전망이 있으므로 돈은 어디서든지 구해올 자신이 있었다. 그는 빨리 거래를 하고 싶어서 철도역으로 달려가 캔자스 시에 살고 있다는 은행 소유주에게 그가 제시한 값에 은행을 사겠다는 내용이 담긴 전보를 보냈다. 그리고는 시내를 구경하면서 미래에 대해 생각했다. 다음날 전보배달부가 숙소로 찾아와 전보 한 통을 건네주었다.

'값을 8만 달러로 인상함. 한 푼도 깎지 못함.'

힐튼도 이제껏 아버지 가게에서 장사를 해오면서 한 푼도 깎지 못한다는 말을 자주 했었지만, 그렇다고 사람의 심리를 역이용해 비열하게 가격인상을 하지는 않았다. 이런 더러운 거래는 옳지 않았다. 힐튼은 은행 소유주에게 다시 전보를 보냈다.

'은행을 사지 않겠음.'

은행 매입에 실패한 힐튼은 잠시 휴식도 할 겸 기차역에서 밖으로 나와 길 건너편에 있는 '모블리 호텔Mobley Hotel'이라는 간판이 붙어 있는 2층짜리 붉은색 벽돌집으로 들어갔다. 그 호텔은 척 보기에도 잠자기에 편한 호텔처럼 보였다. 침대에서 몇 시간이라도 자고나면 새 활기를 얻을 수 있을 것 같았다. 호텔 로비는 통조림통처럼 사람들로 법석대고 있었다. 카운터에 가서 방을 청하자 접수계원이 숙박부를 덮으며 말했다.

"지금은 방이 없습니다."

힐튼이 호텔을 둘러보니 로비에 있는 의자조차 사람들로 만원이었다.

그때 잘 생긴 신사가 사람들을 헤치며 힐튼이 서 있는 곳으로 다가와 정중하게 말했다.

"선생님, 죄송합니다. 지금은 방이 모두 찼습니다. 여기는 매우 소란스러우니 8시간 후에 와주시기 바랍니다."

힐튼은 화가 났다. 돈을 주고 잠자리를 사려는 데도 거절당한 것이었다.

"그게 무슨 뜻입니까? 그럼 지금 이곳에 숙박하고 있는 사람들을 8시간 후에는 모두 다 내보내고 새로운 손님을 숙박시키겠다는 뜻인가요?"

그러자 그 신사가 말했다.

"그것도 좋은 아이디어로군요. 하루에 세 번씩 그렇게 운영하면 돈을 더 벌겠지요. 저기를 보십시오. 지금은 사람들이 레스토랑 식탁 위에서라도 잠을 자도록 허용해준다면 기꺼이 돈을 지불할 겁니다. 실제로 그렇게 할 수는 없지만……."

그때 힐튼의 머릿속으로 섬광 같은 빛이 지나갔다.

"당신이 이 호텔의 주인이신가요?"

"그렇습니다만……."

주인의 음성은 몹시 피곤한 듯 지쳐보였다.

"운영이 그다지 어려워 보이지는 않는데요?"

주인은 두 손을 벌리며 지겹다는 표정을 지었다.

"모두들 한 밑천 잡기 위해 유전지대로 몰려가는 판국에 난 가지고 있는 돈을 전부 여기에 처넣고 빠져나오질 못하고 있지요. 만일 이 호텔을 팔수만 있다면……."

힐튼은 목소리를 낮추고 천천히 물었다.

"이 호텔을 파시겠다는 말인가요?"

"네, 현찰 5만 달러만 낸다면 지금 당장이라도 오늘밤 저의 잠자리까지 포함해서 이 호텔을 팔겠습니다."

힐튼이 흥분을 감추면서 말했다.

"지금 선생님의 호텔을 살 사람이 있습니다. 바로 접니다."

호텔 주인은 의심스럽다는 듯이 말했다.

"현찰을 받기 전에는 당신에게 호텔을 양도할 수 없습니다."

"당연합니다. 나도 확실한 거래를 원합니다. 하지만 먼저 호텔에 관한 서류를 살펴보고 싶군요."

힐튼은 모블리 호텔에 관한 서류를 꼼꼼히 살펴보았다. 흑자 운영을 하고 있었다. 그는 호텔주인이 석유에 미쳐있다고 생각했다. 호텔 로비를 한 시간 남짓 살펴보았지만 손님은 초만원이었다. 힐튼은 만일 이 호텔을 운영하게 된다면 온 마을 사람들이 애용할 것이라는 확신이 들었다.

힐튼은 즉시 드라운에게 훌륭한 사업체를 발견했다고 전보를 보냈다. 드라운이 곧장 달려왔다. 힐튼이 그에게 사업 전모에 대해 상세히 설명해주자 드라운은 몹시 흥분했다. 그는 눈을 커다랗게 뜨면서 말했다.

"알겠습니다. 그러나 나는 은행가입니다. 호텔업에 대해서는 아는 바가 하나도 없습니다."

"그 점은 안심하십시오."

힐튼은 드라운에게 샌안토니오에서 자신의 가족들이 운영하던 호텔을 상기시키면서 요점을 강조했다. 그리고 그에게 모블리 호텔을 보여 주었다.

"음……, 저게 그 호텔인가요?"

"저기가 바로 금광이나 다름없습니다. 이곳 사람들이 석유에 미쳐있어 그 사실을 알지 못하고 있습니다."

모든 것을 살펴본 후에, 드라운이 말했다.

"이 호텔을 팔려고 하는 사람은 아마도 바보이거나 미친 사람일 겁니다."

"석유 때문에 미친 사람입니다."

"그래요? 이 호텔은 전망이 있다는 것을 확신합니다. 하지만 내가 무얼 해야 할지 모르겠습니다."

"드라운 씨, 당신은 호텔의 매니저로 나와 같이 운영을 했으면 합니다."

"알겠습니다. 그러나 먼저 우리가 할 일은 이 호텔을 사는 것이겠군요."

"맞습니다."

그들은 호텔 주인을 만나 협상을 했다. 힐튼은 소매를 걷어 올리고 협상에 들어갔다. 그는 이 거래를 절대 놓쳐서는 안 된다는 것을 잘 알고 있었다.

힐튼은 호텔을 원했고 주인은 팔기를 원했다. 결국 4만 달러에 호텔을 사기로 하고 악수를 했다. 대금은 일주일 이내에 지불하기로 했다. 호텔 주인이 못을 박듯 말했다.

"일주일입니다. 하루라도 지체해서는 안 됩니다."

힐튼은 전체 매입대금에서 8분의 1에 해당하는 5000달러를 먼저 내 놓았다. 사흘이 지나서 드라운이 스미스라는 투자자로부터 5000달러를 받아가지고 왔다. 힐튼의 어머니도 5000달러짜리 수표를 우편으로 보내주었다. 소코로의 한 목장주도 5000달러를 투자했다. 이제 절반은 확보된 셈이었다. 나머지 절반은 시스코 은행에서 융자를 받기로 했다. 15%의 이자를 주는 조건이었다. 은행장은 모블리 호텔에 대해서 잘 알고 있었으므로 필요한 자금을 선뜻 빌려주었다.

모든 준비는 잘 되었다. 그러나 대금 지불 마감 24시간 전에 뜻하지 않게 목장주의 수표가 부도수표임이 밝혀졌다. 만일 기한까지 대금을 지불하지 못한다면, 거래는 이루어질 수가 없었다. 방법이 없는 것 같았다. 시스코에서는 당장 5000달러를 구할 수가 없었다. 뉴멕시코에서 어떤 동업자를 찾아서 돈을 보내도록 부탁한다고 해도 이미 시간이 초과될 상황이었다.

힐튼은 즉시 시스코 은행에 연락을 취했다. 은행은 투자현금 2만 달러를 담보로 융자를 해주는 조건이었는데 목장주의 수표가 부도수표였기 때문에 5000달러가 부족했다. 궁지에 몰리게 된 힐튼은 먼저 마음속으로 기도했다.

'하나님! 도와주시옵소서.'

그는 기도를 한 후, 은행으로 걸어들어 갔다. 은행장은 회전의자를 이리저리 돌리면서 손깍지를 낀 채 생각에 잠겨 있었다. 은행장이 말했다.

"아무래도 어려울 것 같습니다. 해결 방법은 당신에게 달려 있습니다."

그때 힐튼에게 좋은 생각이 떠올랐다.

"이렇게하면 어떨까요? 내 친구인 목장주의 수표가 부도

수표이긴 하지만 그 친구의 목장은 시가로 2만 달러가 넘습니다. 그의 형편이 좋아질 때까지 그의 목장을 담보로 5000달러를 융자해주시면 어떨까요? 결정을 해주시면 제가 이에 대한 법적 절차를 밟으라고 그에게 전보를 치겠습니다. 그렇게만 해주시면 우리는 무사히 호텔을 인수받을 수 있습니다."

은행장은 한동안 침묵했다. 그도 모블리 호텔이 흑자 운영을 하고 있다는 사실을 잘 알고 있었다. 그가 말을 꺼냈다.

"좋습니다. 그렇게 하시지요!"

모든 문제가 잘 해결되었다.

다음날 정오에, 힐튼은 모블리 호텔의 운영권을 쥐게 되었다. 어머니에게 희소식이 담긴 전보를 보냈다.

'개척지를 발견했습니다. 여기에는 깊은 물이 있습니다. 시스코에서 첫 번째 배를 진수시켰습니다.'

힐튼이 호텔로 돌아왔을 때, 드라운은 자신의 침실을 포함해서 힐튼의 침실에까지 손님이 가득히 들어와 있다고 말해 주었다.

✝

"성공은 행동과 연결되어 있다. 성공한 사람들은 계속해서 움직인다. 그들은 실패하지만 결코 포기하지 않는다.

아주 가난한 그리스 사람이 아테네 은행의 수위에 응모했다. 시험관이 글씨를 쓸 줄 아느냐고 물었다. 이 사람은 자기 이름 밖에 쓸 줄 모른다고 하여 퇴짜를 맞았다. 그 사람은 돈을 빌려 미국으로 건너갔다. 몇 년 뒤 그리스 태생의 한 실업가가 뉴욕의 사무실에서 기자회견을 했다. 한 기자가 회고록을 쓰라고 하자 실업가는 웃으면서 대답했다.

'나는 글을 못 씁니다. 만약 내가 글을 알았다면 지금껏 은행 수위로 남아있었을 겁니다.'"

콘래드 힐튼

Chapter *07*

텍사스 스타일의 호텔경영자

호텔사업을 시작하다

힐튼은 모블리 호텔에 자기 스타일의 아이디어를 적용했다. 그의 운영방식에는 두 가지 기본적인 원칙이 있었다. 첫 번째 원칙은 쓸데없는 공간을 최대한 활용하는 것이었다. 호텔의 이익은 침대의 수에 달려 있었다. 힐튼은 숙박을 원하는 단 한 명의 손님이라도 되돌아가지 않게 하기 위해서 자신의 침실 조차도 손님에게 제공하고 사무실에 있는 의자에서 새우잠을 잤다. 드라운은 호텔 경영을 상당히 좋아했기 때문에 문제가 있으면 잠자리에까지 가지고 와서 처리하려고 노력했다.

어느 날 밤에 힐튼은 호텔 주인이었던 모블리가 나타나는 꿈을 꾸었다. 꿈속에서 모블리는 화가 난 표정으로 당구 큐 대로 사람들을 쿡쿡 찌르고 고함을 치며 사람들을 밖으로 내몰고 있었다. 그러나 아무리 쫓아내려 해도 사람들이 나가지 않자 모블리는 사람들을 식당 테이블에 앉히고는 힐튼에게 말했다.

"나는 당신에게 손님들이 레스토랑 식탁에서라도 돈을 지불하고 잘 거라는 말을 해준 적이 있다."

그리고 꿈속에서 돌아가신 아버지도 별안간 모블리 옆에 나타나 스미스제 권총을 흔들면서 또다시 힐튼을 꾸짖었다.

"너는 80파운드에 해당하는 물건을 수송해올 수 있는 운임을 버렸다. 그런 방식으로는 절대로 부자가 될 수 없을 거다."

"악!"

힐튼은 식은땀을 흘리며 잠에서 깨어났다. 그는 옆에서 자고 있는 드라운을 깨우면서 흥분된 목소리로 말했다.

"드라운 씨, 우리는 지금 이 호텔을 잘못 운영하고 있어요."

드라운은 의아하다는 듯이 눈을 비비며 투덜대며 말했다.

"꼭두새벽에 자는 사람을 깨우다니……."

"드라운 씨, 보여줄 것이 있어요."

힐튼은 드라운과 함께 로비로 나갔다. 졸음에 겨운 당번이 카운터에서 사장이 지나가자 정신을 차리고 민첩하게 인사를 했다.

힐튼은 로비의 긴 책상과 레스토랑을 가리키며 말했다.

"저 책상은 너무 깁니다. 그리고 저 레스토랑에는 20개의 침대를 더 들여놓을 수 있는 공간이 있어요."

"힐튼 씨, 갑작스럽게 무슨 얘긴가요? 그렇다면 손님들은 침대에서 음식을 먹어야 해요."

"좋아요. 내가 미치지 않았다는 것을 아침까지 증명해 주겠습니다."

"그럼 이제 나는 다시 들어가 잠을 자도 되겠지요?"

드라운은 사무실로 들어갔지만 힐튼은 호텔 여기저기를 더 살펴보았다. 해가 뜰 무렵 힐튼은 무엇을 해야 하는지 똑똑히 알 수 있었다. 역시 이익은 침대 수에 있었다. 시스코에는 호텔 레스토랑을 없애도 손님들의 입맛에 맞는 음식을 파는 식당이 많이 있었다.

힐튼은 인테리어 업자를 불러서 식당을 침대와 옷장이 들어갈 만큼씩 구분하여 침실을 최대한 많이 만들라고 지시했다. 그 다음 계산대를 절반으로 줄이고, 신문과 담배를 파는 매점을 만들라고 지시했다. 또한 종려나무가 있는 로비공간을 줄여 액세서리 상점을 만들게 했다. 그것은 즉시 세를 놓을 수 있었다. 몇 주가 안 되어 매상이 많이 늘었다는 사실을 확인할 수 있었다.

모블리 호텔의 1층 공간을 최대로 활용하게 된 후에, 힐튼은 호텔 운영의 두 번째 원칙을 발견했다. 단결심이었다. 힐튼은 드라운에게 말했다.

"더 좋은 호텔을 만들 수 있는 또 다른 원칙을 발견했습니다. 그것은 단결심입니다."

그러자 드라운도 이렇게 말했다.

"나는 이미 그것의 중요성을 알고 있습니다. 당신은 그것을 어떻게 알게 되었지요?"

"군복무 시절에 알게 되었습니다. 단결심이란 긍지와 보상으로 구성되는 것입니다. 사람은 누구나 봉급만으로는 만족을 얻을 수가 없지요. 우리는 군인 시절에 부하들에게 그들은 세계 제일의 부대에 속한 군인이라는 자부심을 수시로 심어주었습니다. 그러자 그들은 세계 제일의 군인이 되려고 노력했습니다."

힐튼은 호텔의 종업원 20명을 한자리에 모아놓고 말했다.

"여러분은 항상 웃으면서 봉사해야 합니다. 객실을 깨끗이 청소해야 하고, 홀은 청결히 해야 하며, 비누와 수건은 충분히 비치해주어야 합니다. 모블리 호텔의 명성 중 90퍼센트는 여러분의 손에 달려 있습니다. 만일 시스코를 찾아오는 여행자들이 모블리 호텔을 세계 제일의 호텔이라고 인정하게 된다면, 여러분은 안정된 직장, 많은 보수, 그리고 승진을 얻을 수 있을 것입니다. 모든 것은 여러분에게 달려 있습니다."

힐튼은 모든 종업원에게 이익과 긍지, 자부심을 심어주어 그들의 능률을 향상시킬 수 있었다. 단결심이야말로 호텔을 번창시켜 가는 원동력이었다. 힐튼은 호텔 식당도 객실로 개조해 버렸다. 또 호텔 내의 여유 공간은 멋있는 쇼윈도로 장식하여 향수, 보석, 특산물 코너 등을 마련하여 호텔의 이미지 제고와 동시에 임대료를 얻는 일석이조의 방법을 실행했다. 모블리 호텔은 많은 수익을 냈다. 힐튼은 2년 만에 은행에서 빌린 2만 5000달러의 원금과 이자를 다 갚았다. 그러자 은행으로부터 힐튼의 신용도가 높아졌다. 그는 모블리 호텔 운영이 순조롭게 되자 다른 호텔도 경영해보는 것이 좋겠다는 생각을 하게 되었다. 그러나 다른 호텔을 물색하기 전에 먼저 동업자를 찾아야 했다.

에메트 본헤이 씨는 이미 사망하고 없었다. 부인과 딸의 재정고문은 힐튼에게 투자하는 것을 꺼리고 있었다. 다른 투자자를 새로 찾아야만 했다. 그때 생각난 사람이 프랑스에서 만났던 파워스 소령이었다.

힐튼은 시카고로 가서 파워스와 블랙스톤 호텔Blackstone Hotel에서 저녁 식사를 하며 본헤이 씨가 자신에게 조언해준 것처럼 텍사스에서 호텔 사업을 하면 전망이 있다는 얘기를 해주었다.

"텍사스야말로 재산을 모을 수 있는 곳입니다. 그러나 호텔 사업은 위험 부담이 많은 사업입니다. 하지만 그것은 전망이 있는 사업임에 틀림없습니다."

파워스는 제대 후 아직까지도 이렇다 할 사업을 하고 있지 않았으므로 모험이 따르지만 큰 수익을 낼 수 있는 이 일이 마음에 드는 것 같았다. 힐튼이 파워스에게 말했다.

　"나한테 투자하셨던 분이 돌아가셨습니다. 그분의 아내의 재정고문은 나에게 투자하는 것이 매우 위험한 것이라고 생각하고 있습니다. 내가 그녀의 재정고문이라고 해도, 그렇게 생각할 것입니다."

　파워스가 웃으면서 말했다.

　"당신은 처음에는 나에게 당신의 아이디어를 팔았소. 그러나 그다음에는 그것을 팔지 못했소. 어쨌든, 당신은 나를 하나도 기분 나쁘게 만들지 않았소. 나는 당신이 마음에 듭니다. 내게 자본금은 별로 많지 않지만, 당신은 내가 어디에서 사업을 시작해야 하는지를 말해주었소. 나는 이제 사업을 시작할 것이오."

　힐튼이 말했다.

　"포트워스에서 시작하십시오. 그곳은 텍사스에서 석유가 가장 많이 나오는 곳입니다. 전망이 있는 호텔을 찾으면 나에게 전보를 치십시오."

　파워스는 다음날 텍사스로 떠났다.

　힐튼은 시카고에 남아 이 도시가 어떻게 돌아가는지를 살펴보았다. 시카고는 일대 비약을 하고 있었다. 시카고와 뉴욕 간에는 격일로 항공우편물이 배달되고 있었고, 도축장의 돼지고기는 값이 100파운드당 23.50달러까지 치솟았다. 여태까지 전례가 없는 최고가였다. 그렇지만 아무리 살펴보아도 매력 있는 사업은 찾을 수가 없었다. 텍사스야말로 힐튼에게 있어서 광대하고 또 사업 전망이 밝은 곳이라는 확신을 다시 심어주었다. 행운도 얻으려면 알맞은 장소와 시기가 맞아야 하고 아이디어가 있어야 했다. 사업가는 그 아이디어를 실현시키기 위해 최선을 다해서 뛰어야 한다.

파워스는 드디어 전망이 있는 호텔을 하나 발견했다. 힐튼은 그에게서 날아온 전보를 받았고, 그것을 동업자 드라운에게 다시 보냈다. 드라운은 즉시 달려왔다. 그러나 그는 호텔을 보고는 언짢은 표정을 지었다.

"이것을 호텔이라고 보시나요?"

파워스가 그를 나무라듯이 말했다.

"이봐요, 젊은이, 뭐든지 외모만 보고 판단하지 말게나. 그 호텔에는 객실이 68개나 있어. 그리고 장부를 보게나. 별로 흠 잡을 데가 없네."

드라운도 그 사실은 인정했다. 그러면서 말했다.

"이 호텔이 얼마나 더 존속할 수 있다고 보십니까? 내일이라도 곧 무너질 것 같습니다. 그리고 이 호텔은 위생 시설도 형편없습니다. 힐튼 씨, 나는 누가 뭐래도 이 호텔을 살 생각이 없습니다."

힐튼이 말했다.

"사겠다는 것이 아닙니다. 그것을 2만 8000달러나 그 이하로 빌리겠다는 것이지요."

멜바 호텔Melba Hotel은 처음 지었을 때 멋진 귀부인 같은 모습이었다. 그러나 세월이 흘러 본래의 모습은 덧칠한 페인트와 얼룩에 묻혀 있고 카펫은 맨바닥이 드러날 정도로 해져 있었다. 그을음투성이의 커튼은 칙칙하고 처져 보였다. 포트워스에 있는 텍사스 은행 지점 담당자도 전망이 없다고 판단했다. 시스코 은행장도 힐튼 앞에서 똑같은 의견을 내놓았다.

"사장님, 모블리 호텔은 성공했습니다. 그 행운을 밀어내지 마십시오. 현 시점에서 욕심은 금물입니다."

은행으로부터 융자는 아무래도 힘들 것 같았다. 드라운은 한술 더 떴다.

"나 역시 그 호텔은 전망이 없다고 생각합니다."

힐튼이 드라운을 날카롭게 쳐다보며 한마디 내뱉었다.

"당신은 비누와 물에 관한 이야기도 들어본 적이 없는 사람 같군요."

그리고는 파워스에게 말했다.

"이런 오래된 호텔에 필요한 것은 새로운 형태의 경영입니다."

힐튼은 곧바로 전신국으로 가서 어머니에게 전보를 쳤다. 어머니가 다시 투자금을 보내왔고, 이라 카스틸이 덴버로부터 찾아왔다. 그는 전쟁 전에 함께 은행에서 일했던 사람으로 '기회가 오면 나중에 함께 큰일을 해보자'고 했던 사람이다. 드라운도 결국 동의했다. 그들은 부지런히 투자자들을 모았다. 빠르게 투자금이 모아졌고, 드라운은 오히려 모블리 호텔 로비에서 수많은 투자자들의 출자금 신청을 거절하느라 바빴다. 멜바 호텔은 그들의 소유가 되었다.

파워스가 드라운에게 웃으면서 말했다.

"이 오래된 호텔에 필요한 것은 비누와 페인트, 그리고 소독약입니다."

힐튼과 파워스는 도장공과 목수, 유리창 청소부들, 청소부 여인네들에게 일을 지시하면서 하루 16시간씩 일을 했다. 멜바 호텔은 새롭고 멋지게 단장하여 개업했다.

그리고 돈을 벌어들이기 시작했다. 3개월 정도가 지나자 멜바 호텔은 은행과 거래를 시작하게 되었고 포트워스에 있는 텍사스 은행 지점에 돈을 예금하기 시작했다. 은행 담당자는 놀라움을 금치 못했다.

힐튼의 세 번째 호텔은 텍사스 주 댈러스에 세운 월도프 호텔Waldorf Hotel이었다. 호텔 이름은 힐튼이 뉴욕 5번가 33번지에 있는 상류층 인사들이 모이는 장소의 의미를 표하기 위해 거리이름에서 따왔다. 이 호텔은 화재에 견딜 수 있는 6층 건물로 고급욕실이 있는 객실 150개와 욕실이 없는 50개의 객실로 나뉘어져 있었다.

힐튼은 자신이 직접 월도프 호텔의 매니저를 맡았다. 그는 종업원의 단결심도 강화해 나갔고 모든 낭비 요소는 발견되는 즉시 제거해 나갔다. 또한 파워스, 드라운과 의논해가며 세 개의 호텔을 잘 운영해 나갔다.

뜻밖의 행운도 따라주었다. 호텔을 건축할 부지를 물색하던 중에 힐튼은 해리 시겔이라는 동업자를 운 좋게 만났는데 그로부터 호텔 부지를 어렵지 않게 살 수 있었다. 힐튼의 어머니와 이라 카스틸도 새로운 호텔 건립에 투자해 주었다.

무엇보다도 큰 행운은 댈러스 은행의 밥 손튼을 만난 것이었다. 그는 힐튼과 신의가 두터운 친구였다. 아주 보수적인 은행가였지만 힐튼이 자금이 부족했을 때 밥은 5만 5000달러를 융자해 주었다. 또한 좋은 일도 있었다. 힐튼은 옛 전우이자 가장 절친했던 빌 어윈을 샌프란시스코에서 데려와 함께 일을 해나갔다. 빌 어윈은 예절이 몸에 밴 도시 신사였다. 빌 어윈은 힐튼에게 옷 입는 방법만이 아니라 여성을 대하는 방법도 가르쳐 주었다. 그는 힐튼을 세련된 신사로 만들기 위해 여러모로 신경을 써주었다.

"여성을 집에다 데려다 줄 때 그녀 집 앞에 도착하면 일단 차에서 내리는 거야. 그리고 그녀가 타고 있는 문을 밖에서 열어주는 거지. 그냥 차를 세워놓고 그녀가 알아서 문을 열고 나가라는 식으로 하면 신사가 될 수 없어."

두 사람은 껄껄 웃었다.

월도프 호텔은 어려운 시기에도 잘 운영되어 갔다. 힐튼은 세 개의 호텔로부터 한 달에 6000달러를 벌어들였다.

어머니의 가르침

어느 날 힐튼은 댈러스의 번화가를 거닐다가 유명한 보석상에 들러 어머니를 위해 아름답고 커다란 다이아몬드 브로치를 샀다. 그는 어머니가 교회에 갈 때 그것을 달고 다닐 것을 상상하자 기분이 좋아졌다. 소코로로 가기 위해 첫 기차에 몸을 실었다. 소코로의 모든 사람들이 눈이 휘둥그레져 부러워할 것을 생각하니 어깨가 으쓱거렸다.

그는 소코로에 도착하자마자 가족들의 환영을 받았다. 힐튼은 자신이 호텔업으로 성공한 대단한 사람이라고 우쭐대고 싶은 마음이 있었지만, 가족들은 그저 별것 아닌 것으로 생각했다.

동생 칼은 해군에서 잠시 휴가차 집에 와 있었고, 보이는 다트머스 대학이 방학을 해서 집에 와 있었다. 막내 여동생 헬렌은 학교에서 졸업반 대표로 뽑혀서 졸업식에서의 송별사를 연습하고 있었다. 동생 보이는 모처럼 모인 식구들을 웃기려고 우스갯소리를 했다

"다트머스 대학에서는 나를 양이라고 불러요. 뉴멕시코 인들은 모두 양을 키운다고 생각하고 있거든요. 음매, 음매."

칼이 힐튼을 쳐다보고 양 울음소리를 냈다.

"음매에, 아참, 형! 텍사스 사람들은 모두 백만장자라면서? 형은 아직 백만 달러 정도 못 벌었어?"

"그래, 아직은 그렇게 벌지는 못했지만 어머니를 위한 작은 선물은 준비했지."

힐튼이 말을 마치고 포장지를 뜯고 작은 상자를 여는 동안 가족들은 기대에 찬 눈빛으로 그를 바라보았다.

"와! 굉장하다. 대단해. 형!"

가족들은 모두 감탄을 했다. 그 순간 어머니는 눈물을 터뜨리고 그녀의 방으로 뛰어갔다.

힐튼이 칼에게 말했다.

"내가 뭘 잘못했지?"

가족들 모두 입을 다물고 있었다.

어머니는 브로치를 그날 밤에도, 주일에도 달지 않았다.

그녀는 사촌 올라프의 뉴멕시코 주 상원의원 당선 축하파티에도 브로치를 달고 가지 않았다.

힐튼이 물었다.

"어머니, 브로치가 마음에 들지 않으세요?"

"아니다. 지금까지 내가 가진 그 어떤 것보다 그 브로치를 좋아한다. 항상 귀중히 간직할 거다. 하지만 나는 그것을 달고 다니지는 않을 거야. 그것은 너무 사치스러워서 나에게는 어울리지 않는단다."

그때 힐튼은, 그 선물은 어머니가 좋아하는 선물이 아니라, 자신이 좋아하는 선물을 골랐다는 사실을 알게 되었다.

파워스에게서 장거리 전화가 걸려왔다.

"또 다른 호텔을 발견했네. 빨리 포트워스로 오게. 그리고 새 동업자도 구했다네. 소더만이란 친구야."

포트워스에 있는 터미널 호텔Terminal Hotel은 200개의 객실을 가지고 있었다. 힐튼은 호텔의 운영 실태를 파악했다.

"이 호텔은 6만 달러 정도면 우리가 인수할 수 있을 것 같군요. 인수대금 중 일부분은 은행으로부터 융자받을 수 있을 겁니다."

기쁜 마음으로 파워스가 말했다.

"그건 우리가 호텔을 갈취하는 것과 마찬가지 아닌가. 멜바를 팔지 않고 살 수 있을까?"

옆에서 소더만이 끼어들었다.

"필요한 만큼만 은행돈을 빌리세요. 나머지는 제가 보증하겠습니다. 제 어음에 서명하지요."

키가 작은 붉은색 머리의 소더만은 식당의 주방장으로 시작해 여러 개의 식당체인을 운영하고 있는 부자였다. 갑자기 등장한 이 사내가 동업자가 되겠다며 마치 천사처럼 나타났다. 그래서 거래는 손쉽게 진행되었다. 호텔 인수가 끝난 후 힐튼은 파워스에게 두 개의 호텔을 운영하도록 맡기고 댈러스로 돌아갔다.

힐튼은 과거 모블리 호텔 사업에 투자한 스미스 씨를 잠시 운영에 참여시킨 적이 있었다. 그는 게으르고 손님들을 싫어하며 대단히 불친절했다. 그때 힐튼은 투자금을 두 배로 주고 그를 호텔에서 손을 떼게 한 일이 있었다. 스미스와의 동업이 실수 정도였다면, 소더만은 재앙이었다.

죽음을 이겨낸 기도

소더만은 파워스가 운영하는 터미널 호텔의 돈을 삼키기 시작했다. 그는 매일 옥수수로 만든 위스키를 마시느라고 자신의 주식을 까먹었다. 소더만은 알코올중독자가 되었기 때문에, 그의 검소성과 근면성과 합리성을 잃게 되었다. 그는 파워스가 자신의 돈을 갈취했다고 거짓말을 꾸며대기 시작했다.

그뿐만이 아니었다. 더욱 큰 거짓말은 파워스가 자신의 아내를 건드렸다는 것이었다. 소더만의 말을 전해들은 파워스는 말도 안 되는 소리라며 분개했다. 파워스는 신사였기 때문에 다른 건 다 참을 수 있었지만 그 말은 참을 수 없었다. 파워스는 힐튼에게 전화를 걸었다.

"이 미치광이를 어찌하면 좋을지 모르겠네. 자꾸 거짓말을 해서 날 난처하게 한다네."

"제가 그리로 가서 대책을 세우겠습니다."

힐튼은 경험상 자신이 그곳에 가서 할 일은 오직 한 가지라는 것을 알고 있었다. 나쁜 동업자를 만났을 때는 그의 지분을 모두 사 버리는 것이 가장 좋은 방법이었다.

"소더만 씨! 우리가 이 호텔을 살 테니 양보 하시죠."

그러나 소더만은 욕심이 많은 인간이었다. 그는 터미널 호텔을 탐내고 있었고, 힐튼이 한 말을 그대로 돌려주었다. 도리어 자신이 호텔을 사겠다고 나서는 데에는 힐튼도 깜짝 놀랐다. 그렇다고 그와 계속 동업을 할 수도 없었다. 결국 가지고 있던 지분을 소더만에게 팔았다. 힐튼은 드라운, 파워스, 빌 어윈과 상의해서 나머지 호텔의 경영을 결정했다.

"자, 파워스 소령님은 월도프를 맡으시고, 나와 빌은 멜바를 맡겠습니다. 모블리는 드라운이 계속 맡기로 하고요."

소더만의 손에 넘어 간 터미널 호텔은 곧 적자를 내기 시작했다. 그는 요리사였지 호텔 경영자가 아니었다. 소더만은 궁지에 몰리자 힐튼에게 찾아와 터미널 호텔을 다시 사줄 것을 요구했다. 그는 만취가 되어 매일 찾아와 졸라댔다. 그는 터미널 호텔을 3만 5000달러에 사달라고 요구했다. 힐튼은 그가 요구한 것보다 많은 3만 8500달러를 주고 터미널 호텔을 인수했다.

소더만은 가버렸다. 힐튼은 그와 다시는 만나지 않기를 바랐다. 그러나 소더만은 알코올중독자가 되어 호텔 주변을 맴돌았다. 그는 파워스와 힐튼이 자기를 몰락시켰다고 떠들고 다녔다.

1922년 4월 18일, 소더만은 월도프 호텔 로비에 와서는 인터폰으로 파워스를 찾았다. 몇 분 후 파워스가 소더만을 만나기 위해 엘리베이터에서 내리자, 소더만은 파워스에게 권총 한 발을 쏘았다. 파워스는 관자놀이를 맞고 그 자리에서 즉사했다.

연락을 받은 힐튼은 바로 포트워스에서 기차를 타고 댈러스로 갔다. 너무나 슬펐다. 평생 존경해온 자신의 동업자를 알코올중독자가 살해한 것이다. 너무 슬퍼서 복수심마저도 일지 않았다. 마치 현실이 아닌 것 같았다.

재판정에서 소더만 측의 변호사는 소더만이 사건 당시에 술에 취해 있었다고 말했다. 소더만은 고작 5년형을 선고받았다. 그것도 얼마 후 특별 사면으로 감옥에서 석방되었다. 파워스의 미망인이 다급한 목소리로 전화를 해왔다.

"힐튼 씨, 조심하세요. 이번에는 소더만이 당신을 노리고 있어요."

힐튼은 생각했다.

'나는 누가 나를 노리는 걸 가만히 서서 지켜보는 사람이 아니다.'

힐튼은 빌 어윈에게 말했다.

"내가 해야 할 일은 소더만을 만나는 것이야. 빌, 자네가 가서 내가 사무실에서 기다리고 있다고 말을 전해주겠나?"

한 시간 후 빌이 돌아왔다.

"그의 친구에게 말해주었네. 소더만에게 전해줄 거야. 하지만 코니, 정신 차리게. 그는 권총을 가지고 있어! 이미 사람을 한 번 죽인 놈이니 다시 사람을 죽이는 일은 아무렇지도 않게 생각할걸세."

힐튼은 군대에서 애용하던 권총을 책상 서랍 속에 보관하고 있었다. 그러나 어렸을 때 아버지가 '비안치 바'에서 목장주의 권총에 위협 당하던 광경이 떠올랐다. 힐튼은 저녁 내내 소더만을 기다렸다. 빌이 말했다.

"그는 틀림없이 올 거야."

"빌, 나 혼자서 그를 만날 테니 자네는 돌아가게."

빌은 함께 있겠다고 말했지만 힐튼은 이 일은 혼자서 해결하고 싶었다. 빌이 나가자 힐튼은 문 쪽을 향해 앉아 소더만을 기다렸다. 그리고 기도했다.

"하나님! 저는 제게 닥친 문제를 해결할 도리가 없습니다. 하나님께 모든 것을 의지합니다. 저를 감싸고 있는 절망의 어둡고 깊은 거친 파도를 뚫고 나아갈 수 있는 힘을 주십시오."

힐튼이 기도를 마치고 눈을 뜨자 적막한 호텔 사무실 서랍장 위에 어머니가 주신 성경이 보였다. 그는 성경을 펼쳐서 사람들에게 위안과 격려를 베푸신 예수님의 아름다운 말씀을 읽었다.

성경을 읽고 있을 때, 그의 마음속에서 놀랄 만한 변화가 일어났다. 무섭고 두려웠던 생각이 사라지고 새로운 용기가 생겨난 것이었다. 자신만을 의지하는 사람은 쉽게 패배하지만, 마음속을 하나님께서 주신 힘과 용기로 가득 채운 인간에게는 패배가 없는 법이다. 힐튼은 자신의 마음이 그와 같이 작용했다는 것을 깨달았다.

밤 11시경에 문밖에서 발걸음 소리가 들렸다. 문밖의 그림자는 한동안 주저하고 있었다. 이윽고 기다리던 그가 들어왔다. 힐튼이 입을 열었다.

"당신이 나와 대화를 하고 싶다는 소문을 들었습니다."

소더만은 의자에 앉았다. 그의 두 손엔 아무것도 없었다. 술에 취한 것 같지는 않았지만, 그렇다고 맑은 정신을 가진 것 같지도 않았다.

"힐튼 씨, 나는 이 말을 하고 싶었습니다. 난 당신에게 어떤 감정도 없습니다. 그리고 나는 특별 사면을 받았습니다. 이 말을 하러 왔습니다."

힐튼이 말했다.

"그럴 수도 있겠죠. 그러나 나는 당신을 도와줄 수는 없습니다. 파워스는 나의 소중한 친구였습니다."

소더만이 다시 말했다.

"어쨌든, 나는 당신에 대한 감정은 없습니다."

소더만이 힐튼에게 악수를 청했지만 그와 악수를 하지 않았다. 그 더러운 손을 쥐고 싶지 않았기 때문이다. 악수를 거절당한 소더만은 수치스러운 듯 밖으로 사라졌다. 잠시 후 빌이 들어왔다.

얼마 후 소더만은 또 죄를 짓고 헌츠빌에 있는 형무소로 들어갔다. 힐튼은 그것이 그에 대한 마지막 소문이길 바랐다.

때마침 시기적절하게 힐튼의 동생인 칼이 해군에서 제대하고 호텔 사업에 뛰어들기를 원했다. 자신보다 먼저 결혼한 동생이 사업을 원하자 힐튼은 그에게 월도프 호텔을 운영하도록 했다.

또한 힐튼은 코르시카나라고 불리는 작은 마을에 있는 비튼 호텔Beaton Hotel을 2만 달러에 인수하여 드라운이 운영하도록 했다. 비튼 호텔은 객실 60개의 소규모 호텔이었지만 돈을 잘 벌어들였다. 이제 드라운도 최고급 호텔의 매니저 일을 잘 처리했다. 비튼 호텔을 인수한 지 2개월이 지났을 때부터 드라운은 힐튼에게 열흘마다 1000달러의 수익배당금을 수표로 보내 주었다. 그러나 그는 비튼 호텔을 인수하라는 힐튼의 제안에는 동의하지 않았다. 그는 보수적이고 신중한 사람이었다. 드라운은 계속 사업을 발전시켜 나갔다.

그때 코르시카나 남부 워샘이라는 마을에 큰 유전이 생길 것이라는 소문이 떠돌았다. 그곳에는 마땅한 호텔이 없었기 때문에 힐튼은 새로 호텔을 하나 짓기로 마음을 먹고 방이 여러 개 있는 저택을 구입해 호텔로 개조하기 위해 증축하기 시작했다. 석유 채굴업자들이 석유 채굴을 시작하던 날에 호텔을 개업했다. 그런데 유전에서는 바닷물만 나왔다. 호텔에는 세 명의 손님이 전부였다. 몇 달이 지나도 손님이 없었다. 결국 호텔 문을 닫을 수밖에 없었다. 이것은 힐튼의 첫 번째 실패였다.

✝

비전이 한 곳에만 머문다면 인생은 끝난 것이나 다름없다. 나는 세계 곳곳에 호텔을 세워 나갔다. 비전이 클수록 경쟁자는 줄어든다. 더 큰 비전을 가져라. 열정이 없으면 권태와 실패가 찾아온다. 더 큰 열정을 가져라. 많이 얻는 자가 아니라 나누어 주는 자가 진정한 성공자이다. 돈이나 지위, 명예를 탐하다 보면 '세계를 품는 비전'을 놓치기 쉽다. 꿈의 사람은 현실을 넘어 넓은 세계와 탁 트인 미래를 바라본다.

크게 이루고자 하는 사람은 크게 꿈꿔야 한다.

콘래드 힐튼

Chapter *08*

100만 달러의 꿈

땅을 빌려 호텔을 짓다

힐튼은 워셈에서 소코로로 내려와 쉬면서 다음 사업의 기회를 노렸다. 워셈에서 실패를 했지만 엄밀히 생각해 볼 때 그는 실망에 빠져 있을 상황이 아니었다. 그는 시가 22만 달러에 해당하는 530개의 객실을 가진 사람이었다. 그중에 10만 달러 정도는 힐튼의 것이었는데, 이 돈을 잘 활용한다면 어떤 사업도 할 수가 있었다. 그는 거실에 앉아 새 사업을 구상했다. 그는 탁자에 종이를 펼쳐놓고 기록하고 있었다. 그때 힐튼의 어머니가 그의 어깨너머로 내려다보면서 말했다.

"코니야, 새로운 것에 대해서 생각하고 있느냐?"

"어머니, 전 지금 나의 꿈을 종이에다 적고 있습니다. 지금은 이 꿈을 실현시켜야 할 때라고 생각합니다. 이 꿈은 아주 큰 꿈입니다. 이 꿈을 실현시키려면 먼저 100만 달러가 필요합니다."

"코니야, 네가 진실로 그 꿈을 실현시키기를 바란다면, 무엇보다도 먼저 그것에 대해 기도를 해야 한다. 100만 달러는 적은 돈이 아니다."

힐튼은 어머니께 말했다.

"어머니, 저는 항상 하나님께 기도드리고 있어요. 그분이 제 길을 분명히 인도해 주실 겁니다."

댈러스에 돌아온 후, 힐튼은 전에도 그랬지만 더욱더 기도하는 것이 최선이라는 생각을 했다. 그는 로즈 가에 있는 교회를 자주 찾아가 몇 시간씩 기도를 드렸다.

힐튼은 전부터 보아두었던 시내 중심지의 번화가 옆에 버려져 있는 땅을 주목했다. 그곳은 메인과 하우드 가 교차점 코너에 인접해 있었다. 멋진 공터였다. 그는 설계사무소에 들러 장시간 건축가들과 의논해본 결과 예견했던 대로 그곳이라면 100만 달러짜리 이상의 멋진 호텔을 세울 수 있다는 대답을 얻었다. 그리고 그들은 이렇게 덧붙여 말했다.

"어쩌면 그 이상의 돈이 들어갈지도 모르겠습니다."

견적이라는 것은 다만 기본적인 테두리일 뿐 실제 시공에 들어가면 더 많은 비용이 소요될 수도 있다는 지적이었다. 힐튼은 아랑곳하지 않고 그들에게 말했다.

"청사진대로 작업을 진행하십시오."

100만 달러의 자금을 모으는 것은 쉬운 일이 아니었다. 힐튼은 뉴욕 신문에 난 한 광고를 보고 뉴욕으로 출발했다.

'돈이 필요하십니까? 우리를 만나러 오십시오. 우리는 당신에게 돈을 빌려줄 것입니다.'

그러나 막상 광고를 낸 회사는 보험 증권만 팔았을 뿐 한 푼도 빌려주지 않았다. 댈러스로 다시 돌아온 그는 곰곰이 생각하기 시작했다. 그의 수중에는 당장 현금화할 수 있는 돈이란 10만 달러가 전부였다. 나머지 90퍼센트는 투자자나 은행에서 끌어들여야 했다. 하지만 그것은 건축비이고 땅값은 어떻게 지불할 것인가. 설사 100만 달러가 다 준비됐다 하더라도 그것을 땅주인에게 주고나면 건축비용은 한 푼도 없는 것이었다. 그리고 먼저 땅을 얻지 못한다면 이 계획은 아무 의미가 없었다. 땅을 확보하는 것이 가장 중요한 관건이었다.

이제 첫 번째로 해결해야 할 것은 땅주인 루더밀크를 만나는 일이었다. 루더밀크는 옛날에는 마차대여업과 장의 사업을 했으나 지금은 성공한 부동산업자로서 다루기가 까다로운 사람이었다. 그러나 이 일에 있어서는 꼭 만나야 할 사람이었다. 힐튼은 머릿속을 정리하며 그의 모든 반응에 대한 대비를 갖췄다. 힐튼은 하나님께 기도를 하고는 루더밀크를 찾아갔다.

"나는 선생님의 땅에 100만 달러짜리 호텔을 지을 계획을 세우고 있습니다."

루더밀크의 눈이 빛났다. 자신도 생각해본 적이 없는 아이디어였다.

"지금 댈러스는 새로운 호텔을 필요로 하고 있습니다."

"나도 그 점은 인정합니다."

"이런 일에는 엄청난 자본이 들어간다는 것은 선생님도 잘 아실 겁니다. 그래서 나는 선생님의 땅을 사지 않고 빌리고자 합니다. 나도 전 재산을 다 털어 넣고 시작할 겁니다."

갑자기 그의 표정이 굳어졌다. 그리고는 더 이상 관심 없다는 듯 고개를 돌렸다. 그리고 딱 잘라서 말했다.

"미친 소리 하지 마시오. 내 땅에는 어떤 것도 지을 수가 없습니다."

힐튼이 다시 말했다.

"그 땅을 99년간만 빌려주십시오. 그것은 사실상 할부로 선생님의 땅을 나에게 파는 것과 다를 바가 없습니다."

루더밀크가 화난 듯이 소리를 지르며 말했다.

"나는 므두셀라(969년 동안 살았다는 인물)가 아닙니다. 앞으로 99년을 더 살 수가 없을 것입니다."

"내가 땅을 빌린다고 해도, 선생님의 땅에 대한 최종적인 권한은 선생님에게 있습니다. 만일 내가 땅값을 갚지 못한다면, 선생님의 땅을 회수하실 수 있습니다."

건물을 짓더라도 땅에 대한 권한이 루더밀크에게 있다고 하자 그가 관심을 가지기 시작했다. 그러자 힐튼은 그에게 가장 큰 미끼를 던져주었다.

"만일 내가 땅값을 갚지 못한다면, 나의 건물도 선생님의 것이 될 것입니다."

그러자 루더밀크가 확인하듯 말했다.

"땅도 가질 수 있고, 건물도 가질 수 있다는 말인가요?"

한동안 생각한 후에 그는 이렇게 말했다.

"내 부동산 고문인 린드슬리와 의논해보겠습니다."

린드슬리는 99년 임대차 계약의 관행을 이미 알고 있었다. 그는 99년간의 이익을 계산해본 결과, 루더밀크가 1년에 3만 1000달러의 이익을 얻게 된다고 말해주었다. 그것은 99년간 약 300만 달러의 이익을 의미하고 있었다.

루더밀크는 힐튼의 제안을 받아들였다. 어차피 그냥 놀리고 있는 땅 아닌가. 힐튼은 기회를 놓치지 않고 재빨리 말했다.

"그러나 그 땅을 담보로 융자를 받을 수 있는 권한은 나에게 위임해 주십시오."

루더밀크는 약삭빠른 힐튼의 말에 화가 났지만 동의했다. 물론 그것은 쉽지 않은 동의였다. 루더밀크는 잘 나가는 부동산업계의 거물이었고 사회적인 힘도 있었지만 300만 달러의 이익에 군침을 삼키며 그쯤은 양해를 해 주었다.

힐튼은 어쨌든 바라던 바를 손에 쥐게 되었다. 그는 댈러스에 세울 100만 달러짜리의 거대한 에베레스트가 눈앞에 보이는 것 같았다. 일단 길은 찾아냈다. 이제 저곳을 오르려면 밧줄과 피켈이 필요했다. 그것은 자금을 의미했다.

힐튼은 세인트루이스에 있는 국립상업은행에 가서 땅을 담보로 은행장 W. L. 헤밍웨이에게서 50만 달러를 융자해 준다는 약속을 받아냈다. 건물 각 층이 완공될 때마다 할부로 융자해 준다는 조건이었는데, 그것은 건물을 완공시키지 못할 경우 융자를 취소한다는 것을 의미했다. 헤밍웨이의 조건은 상당히 까다로웠으나 50퍼센트의 자금 확보는 이루어진 것과 다름없었다. 그 당시 상업은행에서 근무하던 친구 밥 손튼에게서도 5만 달러를 또 확보했다. 건물 시공사 선정을 위한 입찰을 결정했을 때 하청업자로부터 15만 달러를 또 빌릴 수 있었다. 이로써 100만 달러 중 70퍼센트는 확보되었다.

이제 나머지 30만 달러가 문제였다. 힐튼은 자신의 재산 10만 달러를 내놓았다. 월도프 호텔을 세울 때의 동업자 가운데 하나인 해리 시겔이 그의 지분을 모두 사주었다. 월도프 호텔은 해리 시겔의 소유로 넘어갔다. 시스코 호텔은 전성기를 지나 쇠퇴해가고 있었다. 석유 채굴이 한계에 이르면서 원래의 가축을 키우는 마을로 돌아가고 있었다. 그토록 정들었던 첫 번째 호텔 모블리도 처분했다. 모블리는 그에게 호텔경영의 방법을 일깨워주고 가르쳐준 곳이었다. 아쉽지만 새로운 호텔을 세워야 했으므로 다른 호텔들도 처분하지 않을 수 없었다. 투자를 원하는 이들에게 힐튼은 편지를 보내고 상담을 하면서 사업설명을 했다.

어머니와 이라 카스틸, 그 외에도 많은 이들로부터 2만 달러가 모였다. 그러나 무엇보다도 기분 좋은 일은 대학을 마친 동생 보이가 멕시코보다 더 남쪽에 있는 나라인 니카라과의 청과물연합상사에 다니다 그만 두고 댈러스로 와서 일하게 되었다는 사실이었다. 그는 힐튼보다 키도 크고 잘 생긴 데다 대학을 우수한 성적으로 졸업했다.

힐튼은 이제 한 객실에 서너 명씩 투숙하는 소규모 호텔사업가의 모습에서 벗어나 새로운 인상을 댈러스 사람들에게 심어줄 필요를 느꼈다. 그는 최신 자동차를 사서 몰고 다녔고, 테니스와 댄스, 골프클럽에도 가입해 신사로서, 또 사업가로서 새로운 형태의 생활방식에 적응하기 시작했다.

1924년 7월 26일, 댈러스 힐튼 호텔 시공식을 거행했다. 이 무렵부터 힐튼에게는 새로운 형태의 생활 방식이 생겼다. 그는 이제 더 이상 소규모의 호텔업자가 아니었다. 한 객실에 3명 내지 4명씩 투숙하는 호텔에는 더 이상 관심을 가지지 않게 되었다. 그리고 그가 찾고 있던 이상형의 여인이 힐튼의 인생에 찾아왔다.

사랑을 만나다

호텔이 절반쯤 완성되어가고 있을 때였다. 힐튼은 교회에서 자신이 앉아 있는 의자 몇 줄 앞자리에 빨간 모자를 쓰고 앉아 있는 그녀를 처음으로 보았다. 그녀의 빨간 모자는 진홍색에 가까웠고 머리칼은 검었다. 그리고 모자빛깔에 잘 어울리는 우아한 코트를 입고 있었다. 예배를 마치고 그녀가 일어나 몸을 돌리자 힐튼은 그녀의 아름다운 얼굴을 보게 되었다. 순간 힐튼은 마치 첫 미팅에 나온 듯한 두근거림과 설렘을 느꼈다. 그녀가 교회 밖으로 나가자 힐튼도 따라 나왔다. 그녀가 어디에 사는지 알아내기 위해 사람들을 헤치고 빨간 모자만을 따라갔다.

힐튼은 거리에서 아는 사람들과 인사를 주고받으며 그녀의 뒤를 밟았다. 그러다가 군중 속에서 빨간 모자를 놓쳐버리고 말았다. 그후 힐튼은 한 달 동안 계속 아침 6시부터 정오에 실시되는 예배에 모두 참석했지만, 그녀를 볼 수 없었다. 두 번 다시 만나지 못할 것 같았다.

그러다 어느 날 오후 극단에서 리허설을 보고 집으로 돌아가는 길에 빨간 모자의 그녀를 만나게 되었다. 그녀와 눈이 마주치자 힐튼은 가슴이 뛰었다. 다행스럽게도 그녀는 에반스 부인과 함께 걷고 있었다. 에반스 부인은 평소 힐튼과 잘 알고 지내던 사람이었다. 에반스 부인이 그녀를 소개해 주었다.

"이 쪽은 메리 배론입니다. 켄터키 주의 오언즈버러에 살고 있는 제 친척이랍니다."

힐튼도 자기소개를 했다.

"저는 콘래드 힐튼이라고 합니다."

힐튼은 메리 배론의 미소 짓는 눈매와 부드러운 켄터키 억양이 듣기 좋았다. 그는 메리와 자주 만났다. 두 사람은 같이 파티에 나가 춤을 추기도 하고 음악회도 함께 갔다. 메리는 친척집을 방문 중이었기 때문에 다시 켄터키로 돌아가야 했다. 힐튼은 이번에 어떠한 방법을 써서라도 그녀를 붙잡아야만 했다.

켄터키 주의 오언즈버러로 떠나는 메리를 위해 힐튼은 배웅하러 나왔다. 이날 날씨는 엉망이었다. 오전에는 비가 오던 날씨가 오후에도 잔뜩 찌푸리다가는 해가 나타났다.

"메리! 이런 거리에서 말하기는 뭐하지만……, 나와 결혼해 주겠소?"

"......"

한참을 생각하던 그녀는 호텔이 완공되면 그때 돌아와서 결혼하겠다고 약속했다.

그녀는 힐튼의 부탁으로 빨간 모자를 남기고 떠났다. 그는 빨간 모자를 하늘로 던지며 속으로 기쁨의 환호성을 질렀다. 그리고 곧장 공사가 진행 중인 호텔로 돌아갔다.

호텔이 절반쯤 완성되었을 때 자금이 바닥나기 시작했다. 땅을 파고 단단하게 다지는 기초공사부터 모든 것이 예상했던 것보다 더 많은 돈이 들어갔다. 시공회사는 더 많은 돈을 요구해왔다. 자금줄인 은행들은 호텔 공사에 처음으로 문제가 생겼다는 것을 알게 되었다.

세인트루이스 은행의 헤밍웨이는 갑자기 찾아와서 빚을 갚으라고 독촉하기 시작했고, 밥 손튼의 상업은행도 힐튼을 의심하기 시작했다. 밥과는 친구 사이였지만 그것은 어쩔 수 없는 그들의 당연한 비즈니스였다.

힐튼은 설계도와 시공도면을 꼼꼼히 살펴보면서 건축비를 절감할 수 있는 방법을 찾았다. 또 불필요한 공사나 실내장식, 인부들에게 지불되는 인건비 절감과 공사의 속도를 높이기 위해 현장에서 살았다. 그러자 하청업자가 항의를 해왔다.

"사장님, 우리가 일부러 꾸물대는 것이 아닙니다. 우리도 열심히 최선을 다해 일하고 있습니다."

하청업자도 호텔에 15만 달러를 투자한 사람이었다. 그러나 힐튼은 공사비가 과도하게 지출되고 있다고 생각했다. 그는 이제 절반쯤 빙산에 올라왔는데 눈앞에서 빙하가 갈라져 크레바스가 큰 아가리를 벌리고 나타난 것처럼 느껴졌다.

'한번 빠지면 끝장이다.'

그는 낙담했다. 하루하루 전보다 두세 배나 더 노력했지만 비용을 메울 만한 뾰족한 수가 없었다. 그러자 불안한 생각이 싹트기 시작했다.

'아, 하나님! 어떻게 하면 좋을까요?'

돈을 빌릴만한 곳을 찾아다녔다. 아는 사람을 찾아 겨우 용기를 내서 이야기를 했지만 모두가 거절했다. 힐튼은 간절하게 기도했다.

'하나님! 제발 도와주세요.'

그때 누군가 생명줄을 던져주었다. 힐튼이 극장을 빌려서 구성해놓았던 극단 서클이 계속 적자 운영을 하고 있어서 극단의 운영을 계속해야 할 것인지 그만둘 것인지 결정을 하지 못하고 있었는데, 어느 날 밤 한 사람이 사무실로 찾아와서 힐튼에게 극단을 팔라고 했다.

"분명하게 말하지만, 당신이 극단을 팔지 않는다면 나는 이 극장 맞은편에다 극단을 만들 것입니다."

그는 극단의 운영에 대해 잘 모르는 사람이었다. 힐튼이 그에게 말했다.

"나에게 48시간의 여유를 주십시오."

힐튼은 안도의 한숨을 쉬며 48시간 안에 그에게 극단을 팔아넘겼다.

밥 손튼과 배관업자가 일시에 숨통을 조여 왔다. 밥은 5만 달러의 빚을 갚으라고 독촉했고 배관업자도 공사대금 5만 달러를 달라고 요구했다. 밥은 농담을 섞어가며 정중하게 말했다.

"코니, 우리가 아무리 친구 사이지만 은행에서 빚을 갚으라고 요구하니 나도 어쩔 수가 없네."

그러나 배관업자는 막무가내였다. 그는 의도적으로 토요일 아침에 찾아와 대금을 요구했다.

"사장님, 오늘 돈을 안 주신다면 월요일부터 인부들을 철수시키겠습니다."

난감했다. 힐튼은 할 수 없이 그에게도 돈을 주겠다고 약속했다. 사실 힐튼에게는 수중에 5만 달러밖에 없었다. 밥과 배관업자에게 모두 돈을 줄려면 월요일까지 5만 달러가 더 필요했다. 그는 우선 밥에게 5만 달러를 보냈다. 그리고 배관업자에게는 현금 대신 수표를 발행하기로 했다. 수표로 일단 입을 막고 시간을 벌어놓자는 계산이었다. 만약 지불을 못한다면… 그 결과는 생각조차 하기 싫었다.

그는 봉투 안에 5만 달러 수표 한 장을 넣은 뒤 책상 위에 올려놓고, 배관업자를 수취인명으로 수표를 우편으로 부칠 것을 비서에게 지시하는 메모를 남기고 기분전환을 위해 산책을 하러 밖으로 나갔다. 몸을 부지런히 움직이면 아이디어가 생길 것 같았다. 하지만 오늘 걷는 댈러스 거리는 성난 빚쟁이들이 그를 잡으려고 쫓아오는 것처럼 느껴졌다. 교회 앞에서 잠시 멈춰 서기도 하고, 개를 만나기도 하고, 한 주택가 앞에서 잠깐 앉아 쉬기도 했지만 마음은 불안하기 짝이 없었다. 그는 공중전화 부스를 보자 걸음을 멈추었다. 확인할 것이 있었다. 사무실로 전화를 걸자 비서가 받았다.

"내 책상 위에 편지봉투가 아직도 있나?"

비서가 침착하게 대답했다.

"사장님, 알고 있습니다. 그것은 이미 우체통 속에 넣었습니다. 걱정하지 마세요."

걱정하지 마세요? 힐튼은 머릿속에서 지진이 나는 것 같았다. 어떻게 안심할 수 있단 말인가. 밥이 생각났다. 헤밍웨이도 생각났다. 그리고 루더밀크도……. 그는 신중히 생각하지 못했다는 것을 자인했다. 자신이 취해야 할 일은 우선 수표부터 되찾아 와야겠다는 생각이 떠올랐다. 그는 우체국으로 달려갔다.

다행히 우체국 문은 열려 있었다. 우체국장 해리 시겔은 퇴근을 하지 않고 있었다. 힐튼은 다급하게 그의 사무실로 들어갔다. 해리 시겔은 힐튼의 절친한 친구였다.

"코니, 이 시간에 웬일인가?"

"우체통에서 내 우편물을 도로 꺼내야겠네. 그렇지 않으면 난 망하네."

해리는 그것은 불법이라고 말하면서 힐튼을 진정시키며 사정을 물었다. 힐튼은 그에게 모든 상황을 털어놓았다.

"다른 방법이 없다네."

그때 해리가 말했다.

"방법이 있지!"

그는 책상 서랍 안에서 자신의 수표책을 꺼내 그 자리에서 5만 달러짜리 수표를 써서 힐튼에게 주었다. 그리고는 그는 웃으면서 말했다.

"코니, 이걸로 지불하게."

"해리, 난 이 수표에 대해 저당 잡힐 담보물이 없다네."

"내가 뭘 요구하기라도 했나?"

"그래도 내가 실패하면 자네만 손해잖아?"

"벌어서 갚게나. 나는 자네를 믿거든."

힐튼은 진정으로 감동했다. 해리 시겔은 힐튼의 생애에서 잊지 못할 사람이었다. 그는 월도프 호텔을 지을 때 자신 소유의 부지를 대주었고, 나중에 다시 그 호텔을 사주었다. 또 이번처럼 힐튼이 궁지에 몰리자 선뜻 도와주었다.

호텔 공사가 4층까지 완공되었는데 자금이 또다시 고갈되었다. 목표 달성이 가까워질수록 모든 일에 더 많은 경비가 요구되었다. 헤밍웨이로부터의 융자금은 규칙적으로 들어왔지만, 경비를 충당하지는 못했다. 항상 돈이 모자랐고, 돈을 빌리러 찾아갈 곳도 없었다.

이제 차분히 원점으로 돌아와 최초의 아이디어에 기댈 수밖에 없었다. 루더밀크가 열쇠를 쥐고 있는 것처럼 보였다. 그러나 자신에게 도움을 줄 것인지는 불투명했다. 힐튼은 생각했다.

'그에게 지금 이 상태의 호텔 건물을 인수하게 하고 공사를 완공시키게 하자. 그리고 나에게 임대하는 형식을 취하면 어떨까? 그럴 때 그가 나와 나의 투자자를 보호해 줄 것인가? 그는 그렇게 하지 않을 것이다.'

힐튼은 일단 루더밀크를 찾아갔다. 힐튼은 루더밀크에게 이 상황에서는 호텔을 완공시켜야만 유사시에 땅과 건물을 다 가지게 된다는 사실을 조목조목 설명했다. 루더밀크는 지난번처럼 또 말했다.

"린드슬리와 의논해 보겠소."

린드슬리는 덴버까지 다녀올 예정으로 여행을 떠나 있었

다. 앞으로 열흘 동안은 그와 연락할 방법이 없었다. 힐튼은 이 열흘 동안, 밀린 임금을 구하거나, 사업을 여기서 포기하거나 한쪽을 결정해야만 하는 지경에 빠져 있었다. 그는 생각했다

'만일 내가 여기서 실패한다면 투자자들과 동업자들도 모두 실패하는 것이다. 해리 시겔이 보여준 신뢰에 대해서도 영원히 보답하지 못할 것이고 메리와의 결혼 약속도 지키지 못할 것이다. 그리고 가장 무서운 것은 돈도, 신용도, 미래도 없는 38세의 미혼으로…'

힐튼은 꾸물댈 여유도 없이 즉시 메리에게로 떠났다.

힐튼은 열흘 만에 켄터키에서 돌아왔다. 체중이 오히려 늘어 있었다. 빌이 놀란 눈으로 말했다.

"호텔 걱정으로 난 체중이 5킬로그램이나 빠졌는데 자넨 살만 쪄가지고 오다니… 어쩐 일이야?"

"자넨 걱정이 너무 많아."

"배짱도 두둑하군. 이 판국에 애인이나 만나러 갔으니 말이야."

"이제는 린드슬리를 만나는 일만 남았군."

힐튼은 활기를 다시 찾은 듯 보였다. 자신의 바람대로 린드슬리와의 면담은 성공적이었다. 루더밀크는 임금을 빌려주었다. 게다가 그는 호텔이 완공될 때까지 모든 것을 도와

주겠다고 약속을 했다. 힐튼은 그에게 1년에 10만 달러의 돈을 지불하겠다는 계약서에 서명했다.

1925년 8월 4일, 댈러스 힐튼 호텔은 성대한 개업식으로 그 막을 열었다. 댈러스 힐튼 호텔은 '미니맥스minimax'라는 새로운 슬로건을 내걸었는데, 그것은 '요금은 최저로 받고 서비스는 최대로 하라(minimum charge for maximum service)'는 의미였다.

호텔은 처음부터 성공적이었다.

†

하늘은 높다. 바람처럼 하늘을 흐르다 시간이 되어 어느 곳에 멈추게 된다면 그것으로 그 사람의 인생은 마지막을 맞이하는 것이라고 생각한다. 나는 욕심 때문에 세계 곳곳에 호텔을 세웠던 것은 아니다. 나의 능력과 나에게 주어진 시간이 나를 흐르게 했던 것일 뿐이다.

세계 곳곳에 힐튼 호텔이 섰을 때, 사실 나는 몹시 어려운 상황에 있었다. 그 난관을 뚫고 나가는 데 힘을 준 것은 오직 하나님과 이야기할 수 있는 기도였다.

콘래드 힐튼

Chapter 09

결혼과 사업 사이에서

다시 찾아온 죽음의 위협

콘래드 힐튼과 메리 배론은 힐튼 호텔 개업식이 끝난 후, 성 트리니티 교회에서 간소하게 결혼식을 올렸다. 두 사람은 동업자 이라 카스틸의 갑작스러운 사망 소식을 듣게 되었다. 결혼식이 끝나고 에반스 부인은 두 사람을 그녀의 집으로 초대해 아침 식사를 대접했다. 식사를 마치고 힐튼은 메리와 기차를 타기 위해서 포트워스로 갔으나, 신혼여행 계획을 변경해 덴버로 가서 두세 시간 동안 이라 카스틸의 부모와 함께 지내고, 샌프란시스코로 향했다. 장교 시절 잠깐 들렀던 도시의 수려한 풍경을 메리에게 보여주었다. 두 사람은 캐나다의 루이즈 호수에도 가 보았다. 힐튼은 그곳에서 기념품으로 파는 금주법 시대의 산물인 밀주술병을 메리에게 선물했다. 시카고의 라 살레 호텔La Salle Hotel에 숙박했을 때 메리를 즐겁게 해주

148

려고 벨보이를 불러 '콘래드 힐튼, 힐튼 호텔 사장' 명함 한 장을 건네주었다. 그러자 부지배인이 황급히 뛰어와 정중하게 객실로 직접 안내를 해 주었다.

메리도 화려한 시카고를 좋아했다. 도시는 활기차 있었고 생동감이 넘쳤다. 거리를 가로지를 때마다 메리가 여태까지 본 적이 없을 만큼 수많은 포드자동차를 볼 수 있었다. 도로에 포드자동차가 이렇게나 많아진 이유는 포드자동차 값이 크게 떨어졌기 때문이었다. 시카고의 밤은 텍사스 주 전체에 있는 나이트클럽이 한 구역에 다 몰려 있는 것 같았다. 메리에게 시카고는 매력적인 도시로 보였다. 두 사람은 쇼와 영화도 많이 보았고 거리로 나와서는 이리저리 다니면서 구경을 하였다. 시카고는 매력이 넘치는 도시였다. 힐튼이 메리에게 말했다.

"언젠가는 이곳으로 돌아와, 땅을 구해 내 호텔을 세우고 싶어요."

1926년 7월 6일에 장남 '콘래드 N. 힐튼 2세_{Conrad N. Hilton, Jr}'가 태어났다. 힐튼 부부는 이 아이를 애칭으로 닉이라 불렀다.

힐튼의 어머니는 아들이 결혼해 정착하게 된 것을 보고 기뻐했다. 메리는 침실이 네 개가 달린 호화저택으로 집을 옮겨 마냥 행복했지만 남편이 사업 때문에 늘 바쁜 것이 아쉬웠다. 힐튼은 집에까지 일을 가지고 들어왔다. 어느 날 메리는 남편이 늦도록 일하는 서재를 노크했다. 책상 위에는 서류들이 여기저기 쌓여 있었다. 그녀가 궁금해 물었다.

"이것들이 다 뭔가요?"

"장소에 대한 목록이오. 호텔들을 세울 곳 말이오."

그녀는 목록을 조심스레 읽었다.

"에빌린, 웨이코, 마린, 플레인뷰, 샌앤젤로, 러벅, 엘패소……. 코니, 이건 너무 많지 않나요?"

"아니. 나는 일 년에 하나씩 호텔을 세울 거요."

힐튼이 비장한 표정으로 말했다.

그러나 즉시 시작하지는 못했다. 힐튼이 사무실에 앉아 일을 하고 있을 때, 부지배인이 달려왔다. 파워스를 살해했던 그 미치광이 소더만이 복역 중인 헌츠빌 주립형무소에서 석방될 예정이라는 것이었다. 텍사스 주지사가 죄수들에게 관대하게 특별사면제도를 시행한다는 언론보도가 있었다는 것이다. 힐튼은 즉시 형무소 소장에게 전화를 걸었다. 전화를 받은 소장이 분명하게 말해주었다.

"그렇게 될 것 같습니다. 소더만이 특별사면 명단에 포함되어 있습니다. 그는 석방되면 당신을 죽일 것이라고 벼르고 있습니다."

힐튼은 불쾌했지만, 고마운 경고였다.

"그가 석방되면 미리 알려주시겠습니까? 사고를 예방해야 합니다."

"그렇게 하겠습니다."

힐튼은 파워스가 저격당하기 전부터 소더만을 잘 알고 있던 슈미트라는 신부를 찾아가 정직하게 말했다.

"신부님, 문제가 일어나는 것을 원치 않습니다. 그렇다고 피하고 싶지도 않습니다."

신부가 신중하게 말했다.

"그는 마음속에 악의를 가진 것 같습니다. 내가 형무소로 그를 찾아가 대화를 나누어 설득해보겠습니다."

"감사합니다, 신부님. 솔직하게 말해서 저는 지금까지 어떤 사람의 재산을 빼앗은 적이 한번도 없습니다. 그런데 이 미치광이는 그렇게 생각하지 않는 것 같습니다. 진실로 미치광이를 다루는 것은 어떤 다른 문제아를 다루는 것보다 어렵다는 것을 절실히 깨달았습니다. 신부님께서 그가 다시 시작할 수 있도록 격려해주시면 감사하겠습니다."

힐튼은 접어진 지폐 몇 장을 슈미트 신부에게 건네주었다. 이제 할 일은 다 했으니 그 다음 할 일은 기다리는 것과 기도하는 것밖에 없었다.

사흘 후, 힐튼의 사무실 전화벨이 울렸다. 형무소 소장의 전화였다.

"소더만이 석방되었습니다. 조심해 다니십시오. 행운을 빕니다."

힐튼은 그날 집으로 돌아가지 않았다. 밤늦게 전화벨이 울렸다. 슈미트 신부였다.

"소더만이 방금 캘리포니아 행 버스를 탔습니다. 그는 그곳에서 새 출발을 할 것입니다."

'오, 주여. 감사합니다······.'

그는 절로 안도의 숨을 내쉬었다.

동생 보이의 죽음과 호텔사업 확장

힐튼은 아내와 함께 머리도 식힐 겸, 누나 펠리스와 여동생 에바와 로즈메리가 살고 있는 동부지역으로 사업차 여행을 떠났다. 첫 아기를 낳을 날을 기다리고 있던 로즈메리의 집에 있을 때, 거기서 힐튼은 어머니의 편지를 받았다. 편지에는 동생 보이가 갑자기 피를 토하는 결핵증상을 보여 소코로의 어머니 집에 와 있다는 나쁜 소식이었다. 힐튼과 여동생 로즈메리는 즉시 어머니가 살고 있는 집으로 갔다. 얼마 전까지만 해도 생기가 넘치던 동생이 폐병에 걸려 심한 기침을 하며 누워있는 것을 보니 여간 안타까운 것이 아니었다.

보이는 힐튼을 쳐다보며 웃으면서 말했다.

"형, 나는 포기하지 않아요."

힐튼도 동생을 바라보며 말했다.

"보이야, 절대로 포기해선 안 된다."

그러나 동생 보이의 병은 가벼운 열병이 아니었다. 보이는 열흘도 안 되어 사망했다.

힐튼의 어머니는 아주 옛날 두 살 된 딸 줄리안을 잃은 적이 있었다. 힐튼은 그때 슬픔과 함께 웃음을 잃고 살았던 어머니의 비탄에 잠긴 모습이 떠올랐다. 어린 시절을 회상해 보면 그때만큼 집안이 조용한 적이 없었다. 그 당시 힐튼의 아버지는 사업상의 일로 험한 산악지방으로 떠나고 없었다. 집안에서 아기 울음소리가 갑자기 사라지자 그의 형제들은 매일 학교가 파하면 집으로 돌아와 어머니 곁에 있어 주었다. 억지로라도 슬픔에서 빠져나오기 위해 가족들은 먼지떨이로 집안 구석구석을 청소하거나 뒷마당에 옥수수와 콩을 심고 물을 주었다. 그러다 그 이듬해 봄 동생 로즈메리가 태어나서야 비로소 집안이 예전의 모습을 되찾았다. 어머니에게 자식의 죽음은 평생 아픔이었다.

힐튼의 어머니는 막내아들이 사망했다는 소식을 전해 듣자 며칠 동안 조용하게 기도만 드렸다. 힐튼에게는 공허가 밀려왔지만, 믿음을 통해 비애에서 벗어나 정신을 차리고 다시 사업장으로 돌아가서 일을 시작했다.

1927년 10월, 에빌린 힐튼 호텔Abilene Hilton Hotel이 완공되고 웨이코 호텔Waco Hotel의 착공식이 개최되었을 때, 둘째 아들 윌리엄 배론William Barron이 태어났다. 1928년 크리스마스 날, 힐튼이 마흔한 살의 생일을 맞았을 때 그는 벌써 6개의 힐튼 호텔을 완공시켜 놓고 있었다. 그는 여러 곳에서 동시다발적으로 호텔을 짓고 있었던 것이다.

그는 계획보다 빠르게 4개 지역에다 호텔을 완공시켰다. 마린 호텔Marlin Hotel과 플레인뷰 호텔Plainview Hotel은 각각 객실 100개를 가진 8층 건물로 공사비 80만 달러가 투입되었고, 샌앤젤로 호텔San Angelo Hotel은 14층짜리 건물에 객실 240개로 90만 달러가 투입되었다. 러벅 호텔Lubbock Hotel에도 80만 달러의 공사비를 들여 200개 객실을 지닌 12층짜리 호텔을 세웠다. 힐튼은 새로운 꿈을 키워가고 있었다.

멕시코로 들어가는 관문에 위치한 엘패소는 텍사스에서 여섯 번째로 큰 대도시였다. 댈러스보다는 작지만 스페인 귀족들의 로맨틱한 정취가 깃들어 있었다. 이 도시 한복판에 자리 잡고 있는 파이오니어 광장 건너편에는 화재로 불타버린 호텔 자리가 오래도록 버려져 있었다. 그는 그 공터에 스페인 풍의 정취와 서부의 전통미를 가미한 최신식 특급호텔을 세울 야망을 가지고 있었다. 이것은 또 하나의 새로운 모험이었다.

그는 땅주인과 협의하여 댈러스 힐튼 호텔을 지을 때와 마찬가지로 99년간의 임대차계약을 성사시키고 새로운 동업자를 끌어들였다. J. B. 헌돈 2세J. B. Herndon Jr.였다.

헌돈은 힐튼이 청년시절 '30인 클럽'에서 사귄 앨리스 헌돈의 남동생이었다. 그는 미주리 대학에서 저널리즘을 전공한 엘리트로 부친으로부터 은행업을 배운, 외향적인 성격의 소유자였다. 파워스 소령, 이라 카스틸, 동생 보이도 죽고 칼마저 호텔사업을 포기한 뒤 다시 해군에 들어가 복무하고 있었으므로, 힐튼이 새로운 동업자 헌돈을 사업 진영으로 맞아들인 것은 활력소가 되었다.

힐튼은 더 큰 꿈을 꾸기 시작했다. 그는 힐튼 호텔 회사를 창설하여 지금까지 일궈온 모든 호텔을 한 그룹으로 통합해 운영하였다. 그는 텍사스 주를 뛰어넘어 오클라호마 주, 캔자스 주의 위치타Wichita, 앨라배마 주의 모빌Mobile 등 타 지역으로 호텔사업을 확장하는 청사진을 그리고 있었다. 그 계획의 첫 시도로 힐튼은 1929년 가을 엘패소 파이오니아 플라자 자리에 175만 달러가 투입될 호텔을 건설한다는 계획을 발표했다.

어둠의 그림자

그러나 어둠의 그림자가 다가오고 있었다. 엘패소 파이오니아 플라자 자리에 호텔을 건설한다는 계획을 발표한 지 19일 후에 뉴욕의 증권시장이 폭락했다. 뉴욕 증권시장의 주가폭락은 대공황으로 이어졌으며 즉시 유럽으로 파급되어 세계공황으로 번져가기 시작했다.

1920년대의 미국은 공화당의 시대로 바뀌어 외교적으로는 고립주의, 국내적으로는 또다시 자유방임주의로 되돌아가 있었다. 1920년대 이전에 이미 번창한 석유산업을 비롯한 라디오, 영화, 자동차, 인견공업 등 새로운 산업이 출현하여 미국은 번영의 시대를 맞이했다. 그 반면 농업, 광산업, 섬유 공업은 점차 쇠퇴하기 시작했다.

실제 호경기는 1925년에 그 절정을 맞이하여 주식투자가 성행하고 과대투기가 유행하였다. 이것은 번영이라 하지만 미국경제의 전반적인 균형 발전은 되지 못했다. 호텔 건설의 붐도 1930년도에 미국이 대공황을 맞이하면서 호텔 산업의 황금기가 막을 내리기 시작했는데, 그것은 호텔 산업 사상 가장 불행한 시기였다.

호텔 사업은 다시 회복할 수 없는 산업으로 낙인이 찍히면서 전체 호텔의 85퍼센트 이상이 도산하기에 이르렀다. 그러나 이때도 스테틀러의 몇몇 호텔들은 불황을 극복할 수 있는 경영 노하우를 가지고 있었다. 특권계급을 상대로 한 호화호텔들은 환경변화에 민첩하게 대응하지 못해 도태되었고, 이 경제 불황기를 통해 호텔경영은 일반대중을 주고객으로 해야 한다는 것이 지론이 되었다. 수많은 사람들을 자살로 몰아간 대공황은 처음에 텍사스 주 남서부에는 직접적인 영향은 미치지 않았다. 그것은 뱀처럼 독을 숨긴 채 천천히 아주 느리게, 그러나 나중에는 피할 수 없을 만큼 너무나 갑작스럽게 달려들었다.

그러나 힐튼은 이런 대공황에도 불구하고 엘패소의 호텔 건립을 추진해 나갔다. 1930년 11월 5일, 그는 19층의 엘패소 힐튼 호텔El Paso Hilton Hotel을 완공시켰다. 개업식에는 그의 승리를 축하하기 위해 1만 5000명의 사람들이 모여들었다. 사람들은 그저 호텔을 구경하기 위해서 찾아왔다. 하늘로 솟아있는 19층 호텔의 위용, 그리고 인디언과 서부개척자의 전통과 스페인 풍의 정취가 풍겨나는 실내장식으로 꾸민 300개의 객실에 감탄을 하고 있었다. 그들은 돈이 없었기 때문에 기적처럼 보이는 호텔 꼭대기에 휘날리는 깃발을 보는 것으로 만족했다. 힐튼은 불경기임에도 불구하고 축하객들에게 희망을 주기 위해 오픈 파티를 열어 1200마리의 닭을 요리했고, 행사의 일환으로 350명에게 수사슴 요리를 대접했으며, 무도장에서는 500명이 춤을 추었다. 엘패소 힐튼 호텔의 개업식은 성대하게 치러졌다. 힐튼은 모든 것이 잘 되리라는 희망을 가졌다.

†

나의 성공비결은 '열정'과 '나만의 재능 찾기'였다. 열정은 자신의 능력을 계발시키며 어려움을 극복하게 하는 힘이 되었고, 재능은 일이 천직을 찾는 것과 같다는 것을 나는 일찍부터 알고 있었다.

그래서 서른두 살에 자신의 재능을 발견한 것에 대하여 나는 부끄러워하거나 늦었다고 생각하지 않았다. 현실에 대한 긍정과 끊임없는 자기 계발, 인간에 대한 깊은 믿음, 그리고 명쾌한 비전과 창조적인 꿈이 어려운 상황 속에서도 나를 사업가로 만들었다.

콘래드 힐튼

Chapter 10

밀려오는 해일

폭풍의 중심에 서서

엘패소 호텔은 처음부터 적자를 면치 못했다. 대공황의 여파로 우선 호텔에 묵는 손님이 줄어들었다. 여행하는 여행자가 없었고, 판매를 하는 세일즈맨들도 없었고, 실업률은 증가했다. 헌돈과 힐튼은 사무실에서 머리를 싸매고 적자투성이의 장부들을 뒤적거리며 대책을 강구했다. 힐튼 호텔 8개가 모두 적자였다. 매주 수입은 전보다 줄어갔고 지출경비는 그대로였다. 전기료를 아끼기 위해 복도의 전기스위치를 낮에는 내렸고, 로비등도 조도를 낮추어 놓았다. 8개 호텔을 번갈아 돌아다니면서 광열비 절감을 위해 연회장을 폐쇄하고 객실 전화를 철거하고 로비 전화를 이용하게 했다. 손님이 전화를 한 번 이용할 때마다 15센트씩 요금을 받았다. 직원들에게는 협동심의 중요성을 자주 강조하며 전반적인 모든 것에 대해 열심히 교육을 시켰다.

"언제나 침대와 수건을 깨끗하게 하세요. 비누는 새 것을 갖다놓으세요. 시트를 아껴서는 안 되겠지만, 사치용품은 금물입니다. 펜촉, 편지, 잉크도 아껴야 합니다."

그럼에도 수입은 계속 줄었고, 대지 임대료와 은행 융자금의 이자와 세금은 계속 내야 했다. 그러나 가장 큰 문제는 인건비였다. 힐튼과 헌돈은 두통을 쫓기 위해 물에 적신 수건으로 머리를 싸매고 살았다. 집으로 가지 못하는 날이 늘어갔다. 두 사람은 경비와 인건비를 줄이기 위해 호텔 장부들을 뒤적거렸다. 한 주 내내 노력한 결과 마린 호텔에서 25달러의 인건비와 엘패소 호텔에서 35달러의 인건비를 절감할 수 있었다. 적은 돈이었지만 절실한 필요에 의해 그나마도 약간의 도움이 되었다.

그러나 갈수록 호텔업은 낭떠러지에 몰렸다. 힐튼은 빌린 돈에 대한 이자는커녕 세금도 낼 수 없었고, 대지 임대료도 낼 수 없는 지경이 되었다. 결국 웨이코에 있는 호텔을 땅주인에게 빼앗기고 말았다.

그는 어디든 가서 돈을 빌려야만 했다. 갤버스턴에 살고 있는 무디 가족이 떠올랐다. 그들은 은행, 호텔, 생명보험회사, 신문사를 운영하며 갤버스턴 지역사회를 재력으로 주무르는 막강한 부를 지니고 있었다. 심지어는 야구 구단도 가지고 있었다. 그는 기차를 타고 텍사스 주 남동쪽 멕시코 만 안쪽에 위치한 갤버스턴으로 기도를 하면서 떠났다. 무디 그룹을 이끌고 있는 실질적인 인물은 W. L. 무디와 그의 아들 션 무디였다. 35세인 션 무디는 소유욕과 경쟁심이 강한 인물이었다. 그는 라이벌 기업들과 경쟁하는 것을 좋아했다. 무디 가족과의 협상은 상상외로 쉽게 풀렸다. 그들은 힐튼의 얘기를 경청하고 나서 간단명료하게 대답한 후, 힐튼 호텔을 담보로 30만 달러를 빌려주었다. 그러나 호텔 운영은 점점 악화되어만 갔다. 단체할인제도를 시행해 보았지만 나아지지 않았다. 그가 할 수 있는 일은 빚쟁이들에게 지불연기 요청서를 작성하는 것이었다. 30만 달러는 봉급, 세금, 부지임대료, 융자금 이자 등으로 이리저리 빠져 나갔다. 그 호텔들을 잃지 않고 계속 운영하려면 20만 달러가 더 필요했다. 은행들도 힐튼을 피했다. 빌린 돈은 봄눈 녹듯이 간 곳이 없었다.

다시 상업은행으로 밥 손튼을 찾아갔다. 힐튼은 그에게 20만 달러가 필요하다고 말했다. 밥은 은행 창밖을 멍하니 쳐다보며 엉뚱한 말을 했다.

"코니, 저 앞에 보이는 16층짜리 건물이 베이커 호텔 맞지?"

"맞아. 그런데 그게 무슨 뜻이지?"

힐튼은 그게 무슨 말일까 생각을 했다.

"코니, 내가 자네에게 20만 달러를 빌려줄 돈이 있다면, 나는 저 옥상에서라도 뛰어내리겠네."

"은행도 힘들어졌다는 뜻이군."

"이번 여름에는 베짱이와 도마뱀만 걱정이 없겠구먼."

밥은 자기 은행이 투자한 목화 값이 1파운드당 5센트나 하락했다고 말했다. 그러나 밥은 어려운 상황에도 불구하고 힐튼에게 5만 5000달러를 빌려주었다.

"정말 고맙네."

하지만 그 돈도 밥의 말대로 삽시간에 사라졌다. 빚은 더 쌓이고 경영은 최악의 상태였다.

어느 날 힐튼의 어머니가 호텔로 잠깐 찾아왔다. 사무실에 앉아 절망에 빠져 있던 힐튼은 어머니에게 이렇게 말했다.

"아무래도 직업을 잘못 선택한 것 같아요. 12년 만에 이렇게 보잘것없게 됐네요."

"코니야, 네 외할아버지는 75년 동안이나 가구점을 해오셨다. 그분은 무일푼에 도구상자와 맨손 하나로 모진 시련 속에서도 버티셨단다. 너는 겨우 12년 밖에 되지 않았잖니?"

힐튼이 말했다.

"차라리 관을 만드는 장의사 기술을 배웠더라면 더 좋았을 거예요."

힐튼의 어머니는 언제나처럼 자상하게 말했다.

"코니야, 어떤 사람들은 포기를 한다. 또 어떤 사람들은 창문 밖으로 뛰어내린다. 그러나 어떤 사람들은 교회로 간다. 코니야, 기도해라. 열심히 기도해라. 절대로 포기해서는 안 된다!"

그러나 곧 힐튼에게 굴욕스러운 시간이 찾아왔다. 그의 사무실로 법집행관이 나왔다.

"법원에서 채무이행 판결서가 나왔습니다. 지금 지불하지 않으시면 판결서를 로비에 붙이겠습니다."

힐튼은 굴욕을 참으며 빈정대듯 대꾸했다.

"마음대로 하세요. 혹시 사다리를 쓰시려거든 나한테 얘기하시오."

잠시 후 법집행관이 되돌아 와 미안해하며 말했다.

"대리석이라 차마 못 붙이겠군요. 그냥 여기 놓고 갑니다."

힐튼이 좀 누그러진 목소리로 말했다.

"당신도 내가 채무이행을 안 할 사람이 아니라는 것을 알지 않습니까? 다만 시간이 좀 더 필요할 뿐입니다."

이튿날에는 노스캐롤라이나 주의 어느 가구회사가 고소를 해왔다. 그 회사에 지불해야 할 돈은 처음엔 10만 달러였지만, 몇 년 사이에 다 갚아 잔금이 178달러 남아 있었다. 겨우 178달러 때문에 고발을 해온 것이었다.

"이런 야비한 인간들 같으니라고!"

헌돈은 노발대발이었다.

회사가 이쯤되자 담당 변호사가 파산신청에 대해 거론하기 시작했다.

"당신은 무디 가와 밥 손튼에게 빌린 돈을 갚지 못하고 있습니다. 땅주인인 댈러스의 루더밀크와 엘패소의 매시어스에게 갚을 빚도 갚지 못하고 있고요. 아마 천 년이 지나도 다 갚지 못할 겁니다. 차라리 사업을 포기하는 것이 나을 겁니다."

힐튼이 담당 변호사에게 화를 냈다.

"나는 반대합니다. 절대로 파산을 선언할 수 없어요! 내게는 신용이 생명처럼 중요합니다. 그걸 내 스스로 던져버릴 수는 없습니다. 절대 신용을 잃어버릴 수는 없어요."

사실 이러지도 저러지도 못할 상황이었다. 그러나 실패를 인정한다는 것은 치욕이었다.

밥 손튼에게도 말했다.

"희망이 없는 사람은 믿음이 없는 사람입니다. 만일 나에게 희망이 없다면 나는 죽은 사람에 불과한 것입니다. 나는 그걸 잘 알고 있습니다."

힐튼은 버스비도 없을 정도로 궁지에 몰려 있었지만, 매일 아침마다 교회에 가서 기도하고 나오면 믿음과 희망으로 가득했다. 그리고 그때마다 '살 길'이 항상 있다는 것을 확신했다. 하루는 사무실로 출근하는데 로비에서 벨보이가 다가왔다. 젊은 청년 에디 파울러였다.

그가 조심스러운 표정으로 힐튼의 손에 무언가를 몰래 쥐어주면서 말했다.

"저…… 사장님, 겨우 식사비에 불과한 것입니다."

300달러였다. 그것은 에디의 총재산이었다.

"이보게, 에디!"

힐튼이 그를 불렀을 때 이미 그는 보이지 않았다.

도대체 이 상황에 누가 나를 신용할 것이며 누가 돈을 빌려준단 말인가, 힐튼은 에디 파울러를 잊을 수가 없었다. 먼 훗날 그는 부지배인으로까지 승진했다.

힐튼을 믿어준 사람은 또 있었다. 어느 날 단골로 다니던 주유소를 들렀을 때이다. 주유소 직원이 말했다.

"힐튼 씨, 더 이상 외상으로는 드릴 수 없습니다. 저희 사장님의 지시입니다."

힐튼은 최근 얼마 동안 외상을 했을 뿐이었다.

"저는 힐튼 씨를 믿습니다. 진실로 믿고 있지요. 그러나 일주일 전부터 저희 사장님께 그런 지시를 받았습니다. 지난번에 힐튼 씨가 두 번 채워 가신 기름은 제가 지불했습니다."

주유소 직원은 다시 기름을 채워주면서 이렇게 말했다.

"저는 사장님을 걱정하지 않습니다."

저녁 때 밥 손튼을 만났다.

"밥, 난 그 애 돈을 받았다네. 점심값이 필요했거든. 그리고 에디는 내가 다시 일어설 것을 믿고 있지. 나는 다시 일어설 거야. 내가 파산한다면 나를 신용하는 모든 사람을 배신하게 되는 거지. 그렇게 되면 누가 나를 신용하며, 누가 다시 나에게 돈을 빌려주겠나?"

밥이 힐튼을 똑바로 쳐다보면서 말했다.

"코니, 나도 당신을 신용해."

힐튼은 밥의 말을 평생 잊지 않으리라 다짐했다. 또한 에디 파울러와 주유소 직원의 도움도 절대 잊지 않으리라 다짐했다. 그들은 힐튼이 다시 일어설 수 있는 자신감을 가지게 했다.

힐튼 가족들도 어려운 것은 마찬가지였다. 집에는 식료품이 다 떨어져 있었다. 가족 모두가 어려운 생활이었다. 어머니는 엘패소에 머물면서 매달 샌안토니오에 있는 건물 임대료 4달러와 소코로에 있는 집과 목장의 임대료로 살았다. 여동생 헬렌은 결혼에 실패하고 어머니와 함께 호텔에서 살고 있었다. 그들은 식당에서 65센트짜리 식사 1인분을 주문하여 둘이서 나누어 먹었다.

호텔의 직원들도 어렵기는 매한가지였다. 규칙적으로 봉

급을 줄 수가 없었다. 회사 간부들과 그들의 가족들은 이제 모두 호텔로 와 살면서 객실과 사무실에서 무료로 일하고 있었다.

동업자 헌돈은 댈러스 호텔, 드라운은 에빌린 호텔, 빌 어윈은 마린 호텔에서 가족과 일하며 겨우 견디고 있었다. 만약 호텔을 모두 잃는다면 모두 거리로 쫓겨나갈 판이었다. 힐튼은 가방을 들고 가능한 차도 편승해가며 이 도시 저 도시에서 사람들을 만나 설득해 자금을 구걸하다시피 했지만 그다지 행운은 따르지 않았다. 그러나 호텔을 살려야 한다는 의지는 여전히 변함이 없었다.

1931년 말경, 힐튼은 어느 잡지에서 뉴욕에 있는 월도프 아스토리아 호텔 기사를 읽게 되었다. 그 호텔은 그가 세웠던 엘패소 호텔보다 더 크고 더 높았으며 모든 위대한 호텔 중 가장 위대한 호텔, 왕 중의 왕다운 호텔이었다. 더군다나 대공황 중임에도 불구하고 그것은 태양처럼 빛을 뿜으며 서 있었다. 한동안 절망의 골짜기를 헤매고 있던 힐튼에게 의지와 꿈이 다시 불끈 솟아올랐다. 그에게는 다시 정복해야할 에베레스트와 넓혀야 할 지평선이 다시 보였다. 그는 그 기사를 오려 지갑 속에 넣으며 마음속으로 다짐했다.

'꿈은 언젠가 이루어진다. 아니, 반드시 이루고 말 테다.'

✝

우리는 누구나 문제를 가지고 있으며 문제가 생길 때는 해결안을 찾아야 한다. 그런데 균형을 유지해야만, 몸과 마음이 민첩해야만 우리는 해결안을 찾을 수 있다. 그렇지 않으면 혼돈을 면치 못할 것이다. 낮에 당신이 할 수 있는 최선을 다했으면, 해가 진후에 당신의 어려움들에 관해서는 걱정할 필요가 없다—그것은 일종의 불신행위다.

콘래드 힐튼

Chapter *11*

기도는 늘 새로운 투자

7명의 천사들

1932년 새해가 되자 상황이 최악으로 몰아가고 있었다. 갤버스턴의 무디 가는 담보권을 행사하려 하고 있었다. 힐튼이 그들에게서 빌린 30만 달러를 갚지 못하자, 무디 가는 2, 3주도 안 되어 힐튼 호텔들을 장악했다. 그들은 어머니와 아내의 머리 위에 군림했고, 오랜 동업자들의 운명까지 그들 손아귀에 들어가게 되었다. 남은 것은 이제 하나도 없었다.

힐튼은 절망의 망망대해에서 열심히 기도했다. 기도로써 낙심천만한 상황을 이겨내고 싶었다. 그는 마음이 괴로워서 통곡하며 하나님께 부르짖었다.

힐튼의 기도에 드디어 응답이 있었다. 우연히 망망대해에서 뗏목 하나가 나타났다. 그 뗏목은 무디 가에서 떠내려 보낸 것이었다. 무디 가는 힐튼을 갤버스턴으로 초대했다. 그들이 먼저 제안했다.

"우리는 당신의 호텔과 우리의 호텔을 합병하는 구상을 갖고 있소. 대신 당신은 우리를 위해 일해 주시오. 우리는 그 호텔들을 합병하여 경영권을 당신에게 드리려 하오. 당신은 새 회사지분의 1/3을 소유하며, 1만 8000달러의 연봉을 드리겠소. 총지배인이 되어주시오."

이것은 무디 부자 중 아버지가 제안한 것이었다. 새 회사의 이름은 '내셔널 호텔 컴퍼니National Hotel Company'였다. 힐튼은 이 뗏목을 붙들었다. 그리고 안전하게 뗏목을 몰기 위해 권익을 확실히 하고 싶었다.

"나중에 불화가 생겼을 때 다툼을 예방하기 위해서는 계약서가 필요합니다. 나의 권리를 확실히 해두고 싶습니다."

"좋습니다."

헌돈은 힐튼이 무디 가와의 합병회사에 근무하게 된 걸 탐탁하지 않게 여겼다.

"코니, 자네는 오랜 세월 우리들의 사장이었다는 사실을 잊지 말게."

빌 어윈도 마찬가지 생각이었다.

"난 샌프란시스코로 돌아가겠네. 독립적으로 운영해볼 호텔을 찾아보겠네. 아무래도 무디 가의 회사에서는 대성하긴 힘들겠어."

헌돈은 힐튼에게 다시 기회가 주어진 것은 다행이라고 인정하면서 충고했다.

"그의 아들 션을 조심하게."

무디 1세는 민첩하고 규칙을 따라서 사는 철저한 사람이었다. 매일 새벽 4시 정각이면 90세가 넘은 노모를 자동차에 태워 드라이브를 시켜주었고, 정오에는 노모와 함께 점심식사를 했다. 매년 6월의 같은 날 바캉스를 갔고, 8월의 같은 날에는 목장으로 떠났다. 힐튼은 그를 사업가로서 인정할 수는 없었지만 성실하고 정직하여 친구로 지낼 수 있었다. 그러나 아들 션은 자신이 술과 담배를 하지 않는다는 이유로 손님들에게도 허용하지 않는 독선적인 사람이었다. 힐튼은 무디의 호텔들을 운영하면서 그가 얼마나 지독한 인간인가를 차츰 알게 되었는데 그는 호텔업자로선 도무지 어울리지 않는 사람이었다. 무디 호텔이 불친절하다고 소문난 것은 그로 말미암아 생긴 평판이었다. 타월이 12개가 필요하면 10개만 주문하게 했고, 일용품은 싸구려로 주문하게 했다. 지배인이 로비에 있는 책상에 새 페인트칠을 했더니 다음 달 지배인의 봉급에서 30센트를 깎아버렸다. 그는 호텔을 구멍가게처럼 운영하는 무능한 소인배였다.

힐튼은 이곳에서는 마땅히 즐길 작은 웃음거리조차도 없었으므로 그가 하는 짓을 웃음거리로 즐겼다.

호텔에는 무명의 화가가 한 명 있었는데 휴게실과 홀 등에 그림을 그리면서 식사와 방을 제공받고 있었다. 하루는 그가 신고 있는 구두가 입이 벌어진 것을 힐튼은 지배인과 같이 발견해 화가에게 '텍사스의 아버지'로 불리는 스티븐 오스틴의 초상화를 그려주면 35달러를 주겠다고 했다. 그러나 션이 화가에게 대금을 주기를 꺼리자 지배인은 손님들이 초상화를 모두 좋아한다는 내용이 담긴 편지를 써서 보냈다. 그러자 션은 이렇게 답장을 써서 보냈다.

"오스틴을 창조한 이는 그 화가가 아닙니다. 그의 아버지가 그를 창조했지요. 그러니 헛소리하지 마세요."

이런 비슷한 경우가 한두 번이 아니었다. 9개월이 지나면서 힐튼은 공동경영인으로서 권한을 챙기기 시작했다. 마땅히 지불해야할 대금청구를 하면서 메모지를 끼워놓았다.

"이 회사 총지배인 권한으로 당신에게 이 대금을 지불하기를 명합니다."

션이 이것을 지불한다면 그것은 힐튼의 권한에 무릎을 꿇는 것이었다. 그는 지불하지 않았다. 무디 부자는 힐튼을 내쫓으려고 갤버스턴에서 고소했다.

힐튼은 계약서에 근거해 1/3의 권리를 분리해달라고 맞고소로 응수했다. 그는 댈러스에서 고소를 제기했다. 이 투쟁은 시간을 오랫동안 끌었다. 무디 가는 장기전을 치를 돈이 충분했지만 힐튼에게는 계약서 한 장이 고작이었다. 갤버스턴의 앤더슨 판사는 협상을 빨리 하라고 위협해왔다. 힐튼은 자기 권리를 주장했고 무디 가는 그 권리를 부인했다. 그의 아들과는 최악의 사이가 되었다. 힐튼은 션에게 계약서대로 약속을 지키라고 말했다.

"헛소리 마세요. 힐튼 씨가 내셔널 호텔에서 사퇴하는 것만이 상책입니다."

무디 부자는 심각한 부채덩어리인 엘패소 힐튼 호텔을 포기할 작정이었다. 99년간 대지 사용권을 준 땅주인 매시어스가 밀린 임대료를 내지 않으면 담보물 처분을 감수하라고 무디 부자에게 통보해왔다. 밀린 임대료는 3만 달러였다. 션무디는 그 돈을 지불하지 않았다. 밥과 이 이야기를 하며 힐튼은 웃었다.

"저 바보들은 자금이 있는데도 불구하고 호텔을 버리려하고 있군."

밥이 말했다.

"자넨 땡전 한 푼 없이 호텔을 원하고 있고."

둘은 같이 껄껄 웃었다. 무디 부자는 호텔을 살릴 기회를 스스로 내버리고 있었다.

땅주인 매시어스는 부동산업자이지 호텔 사업가는 아니었다. 그 자신도 호텔경영에는 자신이 없었다. 더군다나 이 불경기에 기존 호텔들도 망해가고 있지 않는가. 그는 힐튼을 만났다.

"땅과 건물이 모두 내 소유가 되었다네. 코니, 내가 무슨 재주로 호텔을 운영하겠나. 자네만 좋다면 난 자네에게 3만 달러에 호텔을 세주고 싶다네."

저절로 굴러들어온 행운이었다. 힐튼은 댈러스 생명보험 회사 사장 그린우드 가족과 매시어스 가족, 그리고 그의 가족이 한자리에 모여서 호텔 사업에 대해 의논했다. 협상을 통해 그린우드가 돈을 융자해 주겠다고 약속했다. 힐튼은 희망에 부풀었다. 그러나 이틀, 사흘이 지나도 돈이 오지 않았다. 힐튼은 세인트루이스의 그린우드에게 전화를 했다. 그린우드가 지금 아프기 때문에 전화를 받지 못한다고 교환원이 대신 말했다. 그는 쏜살같이 그린우드에게 달려갔다. 그린우드는 냉정하고 분명하게 한 마디만 했다.

"융자를 하지 않기로 결정했습니다."

그것으로 그만이었다.

힐튼은 평소처럼 새벽 5시에 일어나 걸어서 교회에 가 기도했다.

'하나님! 옛날에 솔로몬에게 주신 지혜로 이 어려움을 극복하게 해 주십시오. 믿음으로 구하는 자는 후히 주시는 역사를 받게 된다는 것을 저는 알고 있습니다. 하나님, 나의 하

나님 오늘도 저와 함께 하시옵소서.'

교회에서 돌아온 힐튼은 아침을 먹은 후에는 후원해 줄 사람들을 만나러 다니는 것이 하루의 일과였다. 무디 부자와의 법정 투쟁은 해결의 실마리도 보이지 않은 채 시일만 끌어갔다.

1933년 가을, 예상할 수 없는 일이 벌어졌다. 힐튼을 믿던 일곱 명의 사람들이 3만 달러를 빌려주었던 것이다. 그는 후원자들이 모여 있는 담당 변호사 사무실로 갔다. 테이블에 앉아서 돈을 빌려 준 친구들의 얼굴을 쳐다보았다. 힐튼에게 있어서 그들 일곱 명은 기도에 대한 응답이었다.

그리고 힐튼의 호주머니 속에는 그의 영원한 후원자, 어머니 메리 로퍼스와일러 힐튼이 준 수표가 한 장 들어 있었다. 그것은 그녀가 그녀의 모든 재산을 담보물로 맡기고 빌린 돈이었다. 테이블 한쪽에는 조 구델이 앉아 있었다. 그는 한때 앨버커키의 '30인 클럽' 회원이었고, 지금은 시티즌스 파이낸셜에 근무하고 있었다. 그의 곁에는 두 명의 먼 친척 빌 랭크와 클라렌스 랭크가 후원자의 자격으로 앉아 있었다. 엘패소 낙농회사에 다니던 밥 프라이스, 호텔업자인 빌 툴리, 규모가 큰 세탁소 경영주인 프랭크 플래처도 참석했다.

이 일곱 명은 힐튼이 불완전하게 서명한 수표를 한 장씩 손에 쥐고 있었다. 당시 이들이 모아준 3만 달러는 정말로 큰돈이었다.

 힐튼은 후원자들에게 약속했다. 빌 랭크에게는 힐튼 호텔에서 항상 그의 맥주를 사용하겠다는 것과 밥 프라이스에게는 그의 우유를 사용한다는 것. 클라렌스 랭크의 공장에서 생산되는 아이스크림을 사용하고, 프랭크 플래처에게는 힐튼 호텔의 모든 세탁물을 세탁하게 될 것이라고 약속했다. 그리고 그는 나중에 이 약속을 지켰다. 힐튼은 즉시 이 돈을 가지고 매시어스에게 갔다.

 다음 날 아침 9시 45분에 힐튼은 엘패소 힐튼 호텔을 되찾았다. 행복한 순간에 눈물이 맺혔다. 좋은 기회가 또 찾아왔다. 어느 날 밥 손튼이 제의해 왔다.

 "코니, 우리 은행에선 융자금을 청산하는 방법으로 석유 사업 투자를 생각해 왔지. 유망하지만, 은행법에 묶여 우리는 할 수 없게 되었다네. 자네가 매수해주지 않겠나?"

 "내가 무슨 돈으로?"

 "필요한 돈은 우리 은행에서 융자해줄게. 나한테 5만 5000달러를 빌린 것에 이번에 또 5만 5000달러를 새로 빌려 모두 11만 달러를 빌리는 것으로 하지. 석유 쪽이 잘 되어서 빨리 갚으면 더 좋은 것 아닌가."

 힐튼은 이제까지는 석유 사업에 손을 대어 한 푼도 벌어보지 못했지만, 이번에는 달랐다. 그후 3년 동안 모든 융자금을 다 갚을 수 있을 정도였다. 이제 이 돈으로 에빌린 호텔도 되찾았다. 그는 대공황에 처한 기업의 파산을 막기 위해 만든 개정법 77B의 혜택을 톡톡히 보고 있었다. 이 법에 의하면, 기업의 보호 취지로 기업들은 법정에 고충을 호소할 수 있었고 판사는 빚쟁이들이 함부로 담보권행사나 강제집행을 하지 못하게 했다. 이 77B 법조항은 힐튼과 같은 어려운 상황에 봉착해있는 수많은 기업가들을 보호해 주었다.

1934년 초, 무디 부자가 항복을 했다. 힐튼은 그들 부자와 서먹한 화해를 했다. 그들은 러벅 호텔, 댈러스 힐튼 호텔, 그리고 플레인뷰 힐튼 호텔을 돌려주었다. 무디 부자는 힐튼이 진정한 호텔 사업가임을 인정했다. 그리고 엘패소 힐튼 호텔을 담보로 6만 달러를 빌려주었고, 댈러스 힐튼 호텔을 담보로 3만 5000달러를 빌려주었다. 그는 이 돈으로 일곱 명의 후원자가 빌려준 원금 3만 달러에다가 보너스로 50퍼센트씩을 보태서 갚았다. 그의 어머니에게도 5000달러 원금에 2500달러를 더 보태 7500달러 수표를 드리자 그녀는 아들의 기사회생에 더할 나위 없이 기뻐했다.

그러나 힐튼은 사업은 잘 되고 있었지만, 가정은 심하게 흔들렸다.

"난 이렇게는 살 수 없어요."

메리의 말에 그는 또 다른 혼란이 한바탕 빗줄기처럼 자신의 가슴을 슬픔에 젖어들게 만들었다. 그는 그녀가 한 말에 담긴 의미를 가늠해 보기 위해 눈살을 찌푸리고 간신히 그녀를 바라보았다. 그리고 생각했다. 힐튼은 메리의 말을 액면 그대로 인정했다. 그렇다. 메리는 비교적 헌신적인 아내였으며 가정을 위해서는 때로는 자신의 개인적 욕구도 포기할 줄 아는 아내였다.

몇 달 후 힐튼과 메리는 결국 이혼했다. 결혼 8년 만이었다. 누구의 잘못도 아니었다. 두 사람 사이에는 더 이상 애정이 없었다. 그리고 관계가 너무 악화되어 있었기 때문에 개선될 여지가 없었다. 이혼은 긴 고독의 세월을 불러왔다. 얻는 것이 있으면 잃는 것도 있는 것처럼, 힐튼은 사업에서는 승리했으나 가정에서는 패배한 것이었다.

메리는 어린 에릭을 데리고 엘패소로 이사를 갔는데 약 1년이 지났을 무렵에 재혼했다. 힐튼은 두 아이를 길러야 하는 홀아비로 남게 되었다. 얼마의 시간이 지나서 메리의 어머니가 힐튼의 집으로 와 아홉 살, 여덟 살이 된 외손자들을 돌보아 주었다. 메리와 결별한 후 힐튼은 상처를 달랠 시간이 필요했다.

지금까지 힐튼의 호텔경영방식은 두 가지 스타일이었다. 하나는 후원자들의 돈을 모아 호텔을 매입하거나 임차해서 운영하는 방식이었고, 다른 하나는 임대한 땅에 융자한 돈으로 호텔을 신축하여 운영하는 방식이었다. 그러나 대공황을 겪으면서 시대는 점차 변화하고 있었다. 호텔 사업의 환경도 바뀌어가고 있었다.

그 당시, 미국에는 훌륭한 호텔들이 많았지만 그 호텔 중 80퍼센트는 본래소유자의 손을 떠나 다른 사람들에게 재산관리가 맡겨져 법률 77B법의 적용을 받거나, 아니면 호텔경영에 무지한 사람들의 소유로 넘어갔다. 이렇게 내버려진 호텔들을 '대공황의 하얀 코끼리 depression white elephants'라고 불렀다. 이런 호텔들은 헐값에 나와 있었다. 고객들의 발길이 끊기고 객실은 텅 빈 상태였다. 일부 호텔들은 객실료의 인하를 모색했지만 실패하기가 일쑤였다. 호텔 산업의 재무전문가들도 호텔 산업은 당분간 결코 회복하기가 어렵다고 생각했다.

힐튼은 바로 이 점을 주목했다. 지금이야말로 오히려 기존 호텔들을 헐값으로 살 수 있는 기회라고 생각했다. 대공황을 극복한 모든 사업가들도 곧 경기가 회복할 신호를 기다리고 있었다.

1935년에 처음 사들인 엘패소의 파소 델 노르테 호텔Paso del Norte Hotel은 이런 믿음의 첫 시금석이었다. 비록 낡은 서민적인 호텔이었지만 멕시코로 들어가는 첫 관문에 위치해 있어 텍사스와 엘패소를 오가는 가난한 여행자들이 저렴한 가격으로 편하게 이용할 수 있다는 장점을 갖고 있었다.

두 번째로 인수한 호텔은 롱뷰에 있는 그렉 호텔Gregg Hotel
이었다. 어느 날 예고도 없이 한 신사가 댈러스의 사무실로
힐튼을 찾아왔다. 그는 그렉 호텔의 소유주로서 본업이 의
사였다.

"나는 호텔 사업가가 아니라 의사입니다. 호텔을 운영하기
에는 너무나 바쁜 사람이지요. 롱뷰는 발전하고 있는 마을
입니다. 그곳은 호텔이 필요할 뿐만 아니라 더 많은 객실이
필요합니다."

그의 말은 사실이었다. 힐튼은 계속 그의 말을 경청했다.

"당신이 원하신다면 제 호텔을 팔고 싶습니다. 당신이 그
것을 인수하여 증축한다면 좋은 결과가 있을 겁니다. 물론
그렇게 하려면 당신은 돈이 필요할 것입니다. 그러나 당신
에게 돈이 없다면 빌려드리겠습니다."

그 신사는 엄청난 조건을 제시했다. 힐튼은 이미 이 호텔
을 알고 있을 뿐만 아니라 이 호텔이 훌륭한 호텔임도 알고
있었다. 그러나 그것을 인수할 돈이 없었는데 이 신사의 말
대로만 된다면 호텔을 공짜로 얻는 거나 다름없었다.

"좋습니다."

힐튼은 그 호텔을 인수했다. 그는 그것을 인수한 후, 이름
을 롱뷰 힐튼 호텔이라고 바꾸었다. 수익은 점차 늘어갔다.

이 호텔은 마치 사막에서 먹을 것과 마실 것을 갈구하던 힐튼 앞에 갑자기 나타난 오아시스와 같은 것이었다.

롱비치에는 브레이커스 호텔Breakers Hotel이 있었다. 이 호텔은 1926년에 150만 달러를 들여 완공·개업했지만, 1933년 해안을 휩쓸고 간 지진으로 건물 일부가 무너져 문을 닫은 상태로 버려져 있었다. 의견을 듣기 위해 헌돈을 데리고 가 보여줬더니 건물 상태를 보고 고개를 흔들었다. 그러나 힐튼은 롱비취 시가 호텔 시설이 부족하기 때문에 수많은 회의를 못하고 있다는 사실을 잘 알고 있었다. 브레이커스 호텔은 발전가능성이 높은 호텔이었다.

브레이커스 호텔을 인수하기 위해 매입 그룹을 형성할 때, 힐튼은 두 명의 젊은이를 새로운 후원자로 받아들였다. 한 명은 에빌린 호텔의 벨보이로 출발하여 부지배인으로 승진한 레드 엘리슨이고, 다른 한 명은 댈러스 힐튼 호텔의 열쇠 담당자로 근무하던 동생 보이의 친구 밥 윌리포드였다. 레드는 드레이크 호텔의 식료품 조달 책임자였고, 밥은 엘패소 힐튼 호텔의 지배인으로 일하고 있었다. 이 두 사람은 비록 1000달러의 적은 투자금을 내놓았지만 동업자로 참여시켰다. 힐튼은 이들에게 지배인과 부지배인 직책을 주었다. 이 두 사람이라면 호텔운영을 잘할 것이라고 확신했기 때문이었다.

힐튼의 인재 고용방식은 그의 아버지에게서 어린 시절에 배운 것이었다. 아버지는 자식의 능력을 확인하고서야 월급을 올려주었다. 마찬가지로 그도 직원을 승진시킬 때에는 자신이 직접 능력을 눈으로 확인하고 결정했다.

브레이커스 호텔은 밀린 세금 6만 1038달러를 포함해서 현금 28만 달러를 지불하고 인수했다. 힐튼은 건축업자를 불러 전면 개조를 위한 수리와 외장을 맡겼다.

1937년, 힐튼은 텍사스에서 대담하게 빠져 나와 샌프란시스코로 갔다. 그리고 계속 빚을 청산하기 위해서 밤낮으로 열심히 일했다.

또한 매우 신나게 살았다. 여름철에는 말리뷰 해안에 있는 집을 빌려, 방학을 맞이한 두 아이를 데리고 그곳으로 갔다. 그곳은 남캘리포니아에서 잘 알려진 영화제작 마을이었다. 첫 번째 여름에는 여러 명의 명사들을 만날 수가 있었다. 두 아이는 주로 낚시질을 하느라고 시간을 보내면서, 거리에 나가서 그들이 잡은 물고기를 팔기도 했다.

1937년의 여름은 힐튼에게 있어 하나의 이정표였다. 텍사스를 떠나던 날에 마지막 남은 빚을 청산했던 것이다. 이제 힐튼에게는 은행에 저금된 돈도 있었고 신용은 높아졌다. 그래서 그곳에서 평안히 휴식할 수 있었다. 그러나 그는 휴식을 즐기기보다는 호텔들을 인수하기를 즐겼고, 모험과 도전을 즐겼다. 이 축복받은 캘리포니아 주는 힐튼에게 중요한 의미가 있는 것이었다.

그는 다시 꿈을 꿀 수 있었다. 기도도 쉬지 않았다. 기도는 그에게 호흡과 다름없었다. 기도는 바로 하나님과 만날 수 있는 통로였다. 그는 낮이나 밤이나 하나님께 기도를 드렸다. 그리고 그는 하나님께서 항상 자신의 기도를 듣고 계시다는 사실을 알고 있었다.

그는 늘 하나님께 감사했다. 그에게 기도는 삶 전체를 지탱해주는 축이었다. 하나님과의 만남이 없다면 그는 아무것도 아니었다.

✝

나는 지난 40년이 넘는 세월 동안, 타당한 이유 없이, 주일 예배에 빠져본 적이 한번도 없다. 오늘날에도 날마다 교회에 찾아가서 무릎을 꿇고 기도를 드린 후에야 하루의 일과를 시작한다. 고민이 생길 때 기도하는 것은 절대로 수치가 아니다. 사람은 누구나 일생 동안 기도를 게을리 하지 말아야 한다고 생각한다. 만일 당신이 지금까지 한번도 기도를 해본 적이 없는 사람이라면, 지금이 바로 기도를 시작해야 할 때임을 알아야 한다. 언제일지는 모르지만 당신은 궁지에 몰릴 때가 있을 것이며, 갈 곳이 없을 때가 있을 것이다.

나에게도 그런 때가 가끔 찾아왔다. 그때마다 벽 속에 갇힌 것 같은 기분을 금치 못했으며, 그때마다 한 발자국도 내디딜 수 없을 정도로 암흑 속에 묻힌 것을 느낄 수 있었다. 그러나 그때마다 '살 길'이 생겼다.

콘래드 힐튼

Chapter *12*

끊임없이 도전하다

욥의 인내를 배우다

힐튼은 다시 인수할 호텔을 물색하기 위해 샌프란시스코로 가 옛 동료 빌 어윈과 만나 즐겁게 며칠을 같이 보내며 수많은 호텔들을 구경했다. 그러나 '프랜시스 드레이크 경 호텔Sir Francis Drake Hotel'만이 마음에 들었다. 이 호텔은 22층에 450개의 객실과 30만 달러를 들여 치장한 나이트클럽까지 있었다. 빌이 호텔을 가리키며 말했다.

"저게 내가 보아둔 호텔이야. 덩치가 엄청나지?"

대공황도 지나갔기 때문에, 힐튼은 이제 이 호텔을 인수할 여유가 있었다. 두 사람은 숙소로 돌아와 그동안 수집한 자료를 들추며 인수할 방법을 찾았다. 호텔의 소유주는 '헉킨스 뉴컴 호텔 회사HNHC'였다.

힐튼은 샌프란시스코와 시카고, 댈러스를 오가며 사람들

을 만나며 투자그룹을 형성했다. 그는 호텔을 매입하러 소유회사인 '헉킨스 뉴컴 호텔 회사'를 찾아갔다. 프랜시스 드레이크 경 호텔은 410만 달러 상당에 상당하는 것이었지만 힐튼은 27만 5000달러의 현금 지급으로 인수했다. 대공황 이후에 이루어진 대부분의 거래는 약간의 변형을 주면서 이러한 방식을 사용했기 때문에 적은 돈으로 큰 것을 얻을 수 있었다. 오히려 그들은 팔리지 않는 노처녀를 다행히 시집보내게 되었다는 기분으로 매매계약서에 도장을 찍었다.

힐튼은 적은 자금으로 큰 것을 얻는 매입 수법을 여러 방식으로 활용했다. 첫 단계는 매입그룹을 결성하는 일이었는데 그것은 투자자를 모으고 금융에 대한 전문지식을 활용하는 것이었다. 그는 먼저 시카고 신탁회사의 회장 로렌스 스턴(후에 힐튼 호텔회사 이사가 됨)의 대리인으로서 샌프란시스코에 와 있는 변호사 윌리엄 프리드먼을 만났다. 그리고 아메리칸 내셔널 은행 책임자와 면담을 했다. 로렌스 스턴과 그의 동생 해롤드 등 투자에 관심이 있는 이들과도 접촉했다. 재계 거물급 인사인 로렌스 스턴 회장이 호텔인수에 큰 관심을 가진다는 소문이 나돌자 사람들이 급속도로 몰려들었다.

힐튼은 이들로부터 호텔 인수를 위해 30만 달러를 모금했다. 그리고 162만 5000달러 담보부 사채를 12만 5000달러와 교환했고, 17만 5000달러 담보부 사채를 2만 5000달러와 교환했다. 담보부 사채는 5년간의 이자를 3.5%로 깎아나가 5년 후에는 나머지 150만 달러를 지급하는 조건이었다. 그리고 5만 달러로 180만 달러의 자본금과 주식에 해당하는 권리를 샀다. 이렇게 해서 27만 5000달러로 프랜시스 드레이크 경 호텔을 인수할 수 있었다. 힐튼 자신의 돈은 7만 5000달러밖에 들지 않았다. 인수대금을 치르고도 그에게는 현금이 2만 5000달러나 남아있었다. 그것은 운영자금으로 요긴하게 쓰기 위해 남겨둔 것이었다. 힐튼은 이 호텔을 성공적으로 운영할 자신감에 넘쳐 있었다.

1938년 1월, 힐튼은 이렇게 해서 프랜시스 드레이크 경 호텔 인수를 끝냈다. 그는 텍사스와 샌프란시스코를 통근하면서 호텔을 운영했다. 다시 꿈을 꾸기 시작한 힐튼은 이번에는 헌돈과 함께 청년시절 은행을 설립했던 앨버커키로 가서 호텔 부지를 물색했다. 앨버커키는 인구 5만의 도시로 성장해 있었다. 이곳은 힐튼에게는 '30인 클럽'에 대한 추억이 깃든 곳이었고, 자신의 운명을 정해준 조언자 본헤이를 만난 곳이기도 했다. 또한 헌돈의 아버지가 운영하던 은행이 소값 폭락으로 인해 도산한 한 맺힌 고향이었다. 두 사람은 헌돈 아버지의 한이 맺힌 옛날 은행자리 건너편 땅을 사 호텔을 짓기 시작했다.

1939년 봄에 앨버커키 힐튼 호텔 개업식을 했다. 헌돈이 지배인으로 취임했다. 개업식에는 어머니와 여동생 헬렌, 헌돈의 일가친척들도 모두 참석했다. 시장이 참석하여 힐튼에게 명예 대령 직위를 수여했다. 어릴 적 친구였던 윌 켈러허도 만났는데 그는 미국에서 가장 유명한 변호사 중의 하나가 되어 있었다.

켈러허가 말했다.

"축하한다. 그러나 뉴멕시코에는 힐튼 대령이 오직 한 사람밖에 없다. 너도 알다시피 너의 아버지가 바로 힐튼 대령이다. 그분은 개척자 중의 개척자이지."

힐튼의 어머니는 그의 아버지가 꿈이 많은 사람이었고, 모험가였다는 사실을 힐튼에게 말해주었다. 그러면서 그녀가 말했다.

"코니야, 그러고 보니 이제 넌 3개의 주에 너의 호텔들을 가지고 있구나. 이제는 만족하니?"

"아니요. 아직은 아닙니다."

어머니가 웃으면서 말했다.

"그래, 너의 아버지도 그랬단다."

힐튼은 세계에서 가장 큰 호텔을 갖는 꿈을 품고 있었다. 그 꿈을 실현시키기 위해서는 구약에 나오는 욥의 오랜 인내를 필요로 했다.

스티븐스 호텔과 팔머 하우스를 인수하다

힐튼은 일생을 두고 수많은 호텔업자들과 헤아릴 수 없이 많은 거래를 해왔지만 시카고의 스티븐스 호텔Stevens Hotel처럼 여러 난관에 부딪쳐 본 거래는 처음이었다.

1939년 여름에 힐튼은 시카고로 가서 직접 스티븐스 호텔을 살폈다. 사전조사를 한 결과보다 실제로 가서 본 스티븐스 호텔은 상상했던 것보다 더 큰 스케일의 호텔이라는 사실을 확인할 수 있었다. 과연 미국의 3대 호텔 중 하나답게 3000개의 객실과 3000개의 욕실을 갖춘 건물이었다. 그것은 6000명의 손님과 종업원을 수용할 수 있는 시설이었다.

"객실을 다 보시려면 객실 하나에 5분 정도 잡고, 하루 8시간씩 본다 해도 한 달이 걸릴 것입니다."

힐튼을 안내하던 젊고 유능해 보이는 지배인이 말했다.

힐튼은 5개의 개인 입원실, 2개의 병동, 하나의 수술실로 구성된 호텔의 병원을 점검한 후에 만족을 느꼈다. 하루에 500벌의 옷을 처리할 수 있는 세탁실도 구경했고, 한 번에 8000명의 손님을 수용할 수 있는 만찬회 시설들도 구경했다. 지배인이 침착하게 힐튼에게 말했다.

"평균적으로 하루에 스티븐슨에 찾아오는 모든 손님을 먹이려면 1000파운드(약 454킬로그램)의 버터와 수천 개의 계란, 그리고 열 마리에 해당하는 소고기와 1000파운드의 돼지고기가 필요합니다. 우리는 하루에 700갤런(약 2650리터)에 해당하는 커피를 제공하며 한 시간마다 19만 3000개의 그릇을 소화해내는 식기 닦는 기계를 소유하고 있습니다."

힐튼은 속으로 혼자 웃었다. 탐낼만한 가치가 충분히 있었다. 비밀리에 사람을 시켜 그 호텔의 운영 상태를 확인해본 결과, 스티븐스 호텔은 법률 77B의 보호로 재편되었는데 현재는 6000명의 주주와 이사회가 운영하고 있다는 사실을 알아냈다. 힐튼은 이사들 중의 한 명을 만났는데 그를 통해서 호텔이 궁지에 몰려있다는 사실도 확인했다. 그러나 이렇데 큰 규모는 섣불리 접근할 수는 없었다. 힐튼은 천천히 그리고 끈기 있게 이 호텔의 담보부 사채를 사들였는데 그 액수는 현금 40만 달러에 상당했다. 그는 사들인 담보부 사채가 은행에서 돈을 빌리기에는 아직 부족한 액수라는 것을 잘 알고 있었다.

자금이 더 필요했다. 힐튼은 댈러스 힐튼 호텔을 땅주인 루더밀크에게 도로 팔았다. 루더밀크도 원했고, 첫 동업자 드라운도 중병으로 요양원에서 사경을 헤매고 있었기 때문이었다. 100만 달러의 모험을 걸었던 첫 결실이었지만 이제 그에게는 추억의 산물이 되고 말았다. 프랜시스 드레이크 경 호텔도 팔았다. 이 호텔은 2년간 50만 달러의 이익을 남졌다. 팔고 나니 서운한 느낌이 들었다. 정들었던 샌프란시스코와의 결별이 아쉬웠던 것이다. 하지만 그에게는 눈앞의 작은 이익이 아니라 미래의 더 큰 꿈이 있었다.

1941년 12월 7일, 일본이 진주만을 공격했다. 라디오를 통해 이 뉴스를 들은 힐튼은 새해 첫날밤을 허탈한 심정으로 혼자 있었다. 전쟁은 앞으로 어떤 결과를 가져올 것인가. 아이들은 군에 가게 될 것이고, 군수산업은 인건비 상승을, 물가는 식량이나 생필품 부족으로 폭등할 것이다. 앞으로 더욱 사람들의 여행이 제한될 것은 분명했다. 이런 상황에서 거대한 공룡호텔을 새로 인수한다는 것은 대담함과 모험심이 필요했다. 지난 2년 동안 공들여 왔던 스티븐스 호텔 매입 계획은 늦출 수밖에 없었다.

일본의 진주만 공격이 있은 후, 정부가 본토전을 대비해 공군의 군용시설로 사용하려고 스티븐스 호텔 건물을 접수했다. 그러나 공군은 스티븐스 호텔의 건물만을 필요로 했기 때문에, 약간의 재산과 미수금, 재고, 미납세금 등을 안고 있던 스티븐스 주식회사는 따로 인수할 사람을 찾고 있었다. 힐튼은 먼저 스티븐스 주식회사를 사기로 결정했다. 나중에 정부가 스티븐스 호텔 건물을 팔게 될 경우에, 쉽게 건물을 살 수 있다고 생각한 것이다. 스티븐스 주식회사를 사기 위한 입찰에 나섰다. 봉함입찰이었다.

힐튼이 처음에 써낸 16만 5000달러는 유찰되고 말았다. 두 번째 입찰이 시작됐을 때 그는 자신이 써낼 가격이 아무래도 타당치 않다는 직감이 들어서 두 번째 입찰액은 18만 달러를 써냈다. 각자가 써낸 입찰봉투를 열어보자 놀라운 결과가 나타났다. 누군가 아슬아슬하게 17만 9800달러를 써낸 것이었다. 그것은 순간적 직감에 의한 앞선 판단이었다. 200달러의 근소한 차이로 회사를 얻었다. 그는 일단 회사를 사두었으므로 나중에 건물에 대해서는 자기 자신만이 인수할 자격을 가졌다고 생각했다. 그것은 전쟁 시기에 저 덩치를 인수할 사람은 없을 것이라고 생각했기 때문이었다. 그런데 전쟁이 국외전으로 바뀌면서 국방성이 스티븐스 호텔을 버리자, 백만장자이자 청부업자인 스티븐 힐리라는 사람이 갑자기 나타나 그 호텔을 헐값에 인수해 버렸다. 처음에는 그가 매우 위험한 모험을 하는 것으로 보였다. 하지만 아니었다. 호텔 운영에 대한 경험이 없었던 그는 기적처럼 호텔을 정상궤도로 올려놓았다. 호텔은 새 단장되었고, 빛나는 새 가구들이 제자리를 차지했다. 유리창은 반짝였고 양탄자는 붉은 빛을 우아하게 머금은 채 로비와 복도를 안락하게 가꿔주고 있었다. 청결한 객실에는 흰 커튼이 쳐지고 아늑한 침대에는 푹신푹신한 베개들이 놓였다. 스티븐 힐리는 불가능하게 보였던 일을 해놓은 것이었다. 더군다나 호텔이 정상적으로 돌아가고 있다는 것이 놀라웠다.

힐튼은 스티븐스 호텔을 갖고 싶은 마음에 잠을 설쳤다. 그는 자신의 판단을 앞지른 힐리에게서 호텔을 찾아야한다고 결심했다. 힐튼은 다시 기회가 온다는 믿음을 잃지 않았다. 언젠가 힐리는 호텔을 팔고 싶어 할 것이다. 그것은 얼마나 지나지 않아 현실로 다가왔다. 스티븐 힐리는 힐튼에게 첫 번째로 50만 달러를 주면 팔겠다고 말했다.

"좋습니다. 50만 달러에 사겠습니다."

두 사람은 악수하고 헤어졌다. 그후 힐리는 잠시 사라졌다가 다시 나타나서 말했다.

"생각해 봤는데 금액을 65만 달러로 올리겠습니다."

힐튼은 인상된 가격을 수락했다. 그후 힐리는 또 어디론가 갔다가 와서는 다시 자신의 말을 번복했다.

"아무래도 100만 달러는 받아야겠습니다. 나는 이 호텔을 위해 많은 고생을 했습니다. 그 가격을 받을 자격이 있다고 봅니다."

힐튼은 참고 견디면서 힐리에게 100만 달러를 주겠다고 말했다. 그러나 다음날 그를 찾으니 어디에도 없었다. 그의 친구들과 직원들도 그의 거처를 알 수 없었다.

힐튼은 너무나 화가 났지만 그 옛날 시스코 은행을 살 때처럼 '안 사겠음'이라고 내던질 수는 없었다. 스티븐스 호텔을 너무나도 갖고 싶었기 때문이었다. 절대 포기할 수 없어 사람을 여기저기 놓아 힐리를 찾기 시작했다.

로스앤젤레스 코스그로브 앤 컴퍼니와 마시 앤 맥레넌 보험회사의 사장인 윌라드 케이스의 중재로 힐튼은 스티븐 힐리와 다시 만났다. 힐리가 스티븐스 호텔 인수대금으로 150만 달러를 요구했다. 힐튼이 말했다.

"내일 아침에 당신이 나에게 200만 달러를 요구하지 않는다고 누가 믿겠습니까?"

스티븐 힐리가 말했다.

"그런 일은 없을 것입니다. 이것은 확고부동한 것입니다."

힐튼이 말했다.

"어떻게 내가 당신이 확고부동하다는 것을 알 수 있나요? 지금 당장 계약서에 서명하시겠습니까?"

"지금 바로 계약서에 서명하겠습니다."

그 자리에서 그들은 150만 달러에 거래를 종결했다. 힐튼은 최종적으로 스티븐스 호텔에 대해서 점검을 했다. 스티븐스 호텔은 3000개의 객실이 있다고 광고했지만 실제로는 객실이 2673개 밖에 없었다. 그러나 그것은 중요하지 않았다. 중요한 것은 6년이라는 긴 세월 뒤에 스티븐스 호텔이 힐튼 자신의 소유가 되었다는 사실, 그 자체였다. 힐튼은 스티븐스 호텔에서 매년 175만 달러의 이익을 냈다.

팔머 하우스는 포목점으로 시작하여 부동산업자로 성공한 포터 팔머가 1871년 시카고의 상업 중심지역에 지은 호텔이었다. 이 호텔은 개장할 때부터 마을에서 처음 전구불이 들어온 건물로 객실마다 전화가 비치어 있었고 세계 각지에서 찾아오는 부자들과 대통령, 유명인사, 지도자들이 묵었던 전통이 깊은 곳이었다. 호텔은 마치 여왕처럼 품위가 있었다. 힐튼은 시카고의 스티븐스 호텔을 인수할 당시에 팔머 하우스에도 관심을 가지고 인수 협상을 병행하고 있었다. 팔머 하우스의 사장은 시카고 제일은행 회장 에드워드 이글 브라운이었다. 이곳 수석이사 헨리 홀리스는 '나의 말은 곧 보증 수표'라고 할 정도로 약속을 잘 지키는 신사로 알려져 있었다. 힐튼이 그에게 물었다.

"팔머 하우스는 팔려고 내놓으셨나요?"

그는 아주 정중하게 대답했다. 하지만 대답이 묘했다.

"우리는 그것을 지금 팔려고 내놓은 것은 아닙니다. 그러나 나는 당신이 가격을 제시한다면 경청할 것입니다."

힐튼은 이 말을 긍정적인 권유라고 여기고, 며칠 후 팔머 하우스를 1850만 달러에 사겠다고 제안했다. 홀리스는 재정 관리 담당 이사들과 의논한 결과, 제시한 가격에는 반대하지 않는다고 말했다. 그러나 한마디를 덧붙였다.

"우리는 당신이 인수할 자격이 있는지 신중히 조사할 것입니다.”

　그것은 힐튼이 시카고에서 사회적·문화적 기관인 팔머 하우스를 잘 운영할 수 있는 실력자인지를 묻는 것이었다.

　그 후 다시 홀리스를 만났을 때 그로부터 이런 말을 들었다.

　“당신은 우리와 협상할 때 분명 스티븐스 호텔 매입은 포기할 것이라고 말했습니다. 그런데 당신은 엊그제 그 호텔을 샀습니다. 당신은 우리가 믿을 수 없는 사람이 되었습니다.”

　힐튼이 자초지종을 설명하려고 하자,

　“설명은 필요 없습니다.”

　홀리스는 힐튼의 말을 막았다. 힐튼이 말했다.

　“홀리스 씨, 이건 나의 정직에 관한 문제이므로 말해야겠습니다. 나는 당신에게 분명 스티븐스 호텔은 사지 못하게 될 것이라고 말했습니다. 왜냐하면 스티븐 힐리 씨는 협의할 때마다 약속과 악수를 하고서 세 번이나 값을 올리는 식으로 약속을 지키지 않았기 때문입니다.”

　헨리 홀리스는 정직과 약속의 악수를 존중하는 사람이었다. 굳었던 그의 얼굴이 풀어졌다. 힐튼이 다시 말했다.

　“팔머 하우스는 여전히 팔려고 내놓으셨나요?”

　홀리스가 천천히 말했다.

　“제가 지난번에 말한 바와 같이 그건 아직도 내놓은 것이 아닙니다. 나는 당신이 다시 가격을 제시한다면 귀 기울여

들어보겠습니다. 그러나 나는 당신이 전에 제시했던 그 가격은 고려하지 않을 것입니다. 좀 더 높은 가격을 제시해야 할 것입니다."

힐튼은 즉각 대답했다.

"좋습니다, 이해합니다. 이번에는 1938만 5000달러를 제시하겠습니다."

홀리스는 그 자리에서 일어나더니 악수를 청했다.

"시원하게 거래가 끝났습니다."

그게 전부였다. 서명도구나 변호사 증인도 필요 없었다. 몇 주 후에 홀리스는 100만 달러를 더 주겠다는 말을 어떤 호텔업자로부터 들었다. 그러나 헨리 홀리스는 힐튼과 한 약속을 견고하게 지켰다. 그는 힐튼이 평생 딱 한 번 만난 완전한 신사였다. 그는 약속을 철저하게 지키는 사람이었다.

팔머 하우스 유일한 상속자 호노 팔머에게 인수대금을 지불할 때 힐튼은 그 옆에 어떤 사람과 함께 사진을 찍었는데, 홀리스는 절대로 그 사진을 아무에게도 보이지 말아 달라고 부탁했다. 힐튼은 홀리스에게 그 이유를 묻지 않고 그렇게 하겠다고 약속했다. 그는 그 사진을 금고에 넣어두고 평생 그와의 약속을 지켰다.

✝

사업을 하며 가끔 파산 상태에 몰리기도 했지만 천신만고 끝에
살아남았고, 나중에는 엄청난 기회가 찾아왔다. 나에게는 기도
의 힘, 신용을 잃지 않으려는 집념, 그리고 낙관주의가 위기에
서 나를 구해냈다. 나는 직관을 무척 중요하게 여겼으며 그것
들을 사업적 판단에 적극적으로 이용했다. 직관으로 생각하고
계산하고 계획하고 최선을 다한 다음, 기도하면서 하나님의 대
답을 경청했다.

콘래드 힐튼

Chapter 13

사업보다 어려운 자녀교육

두 아들

힐튼이 샌프란시스코에서 프랜시스 드레이크 경 호텔을 팔고 집으로 돌아 왔을 때, 책상에 '시급함'이란 글이 적힌 편지 한 통을 발견했다.

아빠에게.

종이가 별로 좋지 않아서 죄송합니다.

이번 주에는 용돈을 조금만 올려주시기 바랍니다. 그런데 윌슨이 아빠가 객지에 가실지도 모른다고 말해서 이렇게 편지를 씁니다. 이것은 나의 용돈 지출에 관한 보고서입니다.

① 아빠도 본 적이 있는 제 친구 밀딘과 다른 몇 명의 친구와 아침 10시 30분에 만나서 10분간씩 대화를 나누면서 우유 한 잔과 파이 한 조각을 15센트에 사먹습니다. 이것에다 5일을

곱하면 75센트가 됩니다.

②매일 밤마다 나는 한 두 번씩 전화를 거는 데 집 밖에서 걸 때는 10센트가 필요합니다. 5일을 곱하면 50센트입니다. 나는 이번 주에도 친구에게 전화비로 20센트나 빌렸습니다. 아빠도 아시다시피 학교가 파하면 나는 1주에 한 번 시내에 다녀옵니다. 시내 나갈 때 교통비가 14센트가 듭니다. 그러므로 왕복교통비 28센트가 필요합니다. 집으로 갈 때는 27센트가 필요하고 집에서 학교기숙사로 돌아올 때도 역시 27센트가 필요합니다. 그러므로 이러한 교통비의 합계는 82센트입니다.

전화비·······························매주 50센트

교통비·······························매주 82센트

우유와 파이·······················매주 75센트

합계·································매주 2. 07달러

이상은 평일을 위한 경비입니다. 주말을 위한 경비는 아니라는 것을 말해둡니다. 그래서 가능한 평일에는 2달러만 사용하고 7센트는 주말에 사용하려고 노력합니다. 어쨌든 매주 2. 07달러를 지출합니다. 그리고 사냥을 하러 갈 경우 보통 약 7. 50달러의 여행비가 필요합니다. 이미 세 번이나 사냥을 하러 갔다가 왔습니다. 그래서 아래와 같이 제안하고 싶습니다.

저에게 매주 용돈 5달러를 주십시오. 그러면 아빠에게 더 이상 교통비와 전화비 등을 달라고 요구하지 않겠습니다. 왜냐하면 5달러 중 절반은 평일에 사용하고, 나머지 절반은 주말에 사용할 것이기 때문입니다.

죄송합니다만, 이것은 저에게 중요한 사업입니다.

아빠의 사랑하는 아들 배론 힐튼 올림

추신 - 아빠가 이 부탁을 빨리 들어주시길 바랍니다. 지금 저에게는 용돈이 하나도 없기 때문입니다.

힐튼은 아이들에게는 검소함을 가르쳤다. 그는 어린 시절부터 아버지 가게에서 밤늦게까지 일했고, 야간 학교에 다니면서 데이트를 했으며, 학교에 다니다 돈이 없으면 다시 일터로 가서 일을 하며 생활비와 학비를 벌었다. 힐튼은 10대 시절에도 일반 부모님들처럼 열심히 일했다.

그런 그가 자신의 두 아들이 자라는 과정을 지켜보면서 솔직히 다른 청년들보다 더 좋지도 나쁘지도 않다고 생각했다. 힐튼은 아버지라는 자리는 자식에 대해 교정자역할과 비교자역할을 동시에 해야 한다고 생각했다.

한번은 큰 아들 닉이 힐튼을 크게 실망시킨 적이 있었는데, 닉이 비싼 악어가죽 구두를 자신의 이름을 적고 외상으로 구입해왔던 것이다. 힐튼은 닉을 엄격하게 꾸짖었다.

"닉, 나는 일생동안 그렇게 비싼 구두를 사본 적이 한번도 없단다."

그러나 아들 닉은 조금도 반성의 태도를 보이지 않고 힐튼에게 말했다.

"네. 나도 알아요. 그건 할아버지가 부자가 아니었기 때문이잖아요."

힐튼은 닉에게 실망을 주지 않기 위해서 그 구두를 도로 되돌려주라는 말은 하지 않았다. 대신 그는 닉의 용돈에서 그 구두값을 제하고 주었다.

큰 아들 닉이 17세, 둘째 아들 배론이 16세 되던 해였다. 힐튼이 운영하는 호텔에서는 육류와 무, 양배추 같은 채소류를 사다가 손님들에게 제공하고 있었다. 힐튼은 배론에게 뒷마당에서 닭들을 키워 적당한 가격에 호텔에서 팔게 했다. 잠깐 집에 들린 어머니가 그걸 보고는 힐튼에게 말했다.

"코니야, 저 애들은 소년이지 아직 사업가가 아니란다."

"어머니, 저도 알아요. 하지만 저 나이에도 스스로의 힘으로 뭔가 할 수 있다는 걸 익히게 해야 해요."

힐튼은 두 아들을 어머니의 강력한 권유로 료욜라 고등학교에 보내 기독교 교육을 받게 했다.

두 아들이 고등학교를 졸업 한 해의 여름철에는 힐튼 호텔에서 인력 부족을 돕기 위해 일을 했다. 닉은 엘패소 힐튼 호텔의 엔진실에서 막일을 했고, 배론은 타운하우스의 주차장에서 일을 했다.

힐튼은 그해 가을에는 자신의 모교인 뉴멕시코 군사학교로 두 아들을 보냈다. 옛날 자신이 그 학교에서 '신사는 정직해야 한다'는 교훈을 배웠듯이. 두 아이도 군인 정신을 똑바로 배우기를 바랐다. 그러나 계속 두 아들과의 갈등에 고민해야 했다.

힐튼은 자식과 부모 간, 서로의 책임, 의무, 용돈, 금지사항을 지키라고 말했다. 그리고 아들들이 누리고 싶은 부에 대한 특권도 제한규칙을 정해 시행하자고 약속했다. 그러나 아이들은 번번이 그 규칙을 위반했다. 힐튼은 상심했다. 그때 힐튼의 어머니가 와서 아들을 달랬다.

"코니야, 그 애들과 너는 매우 다른 사람이다. 아이들이 시대에 맞게 자라도록 도와주거라."

힐튼은 자신도 어른이 되어서 아버지를 이해하게 된 것처럼 아들들도 언젠가는 자신을 이해할 것이라 생각했다.

힐튼이 스티븐스 호텔과 팔머 하우스를 인수했을 무렵에, 두 아들은 해군에 입대했다. 닉은 말단 사병으로 레이더 기지에 근무하게 되었고 배론 역시 말단 사병으로 해군 사진사가 되었다. 큰 아들 닉이 힐튼에게 이런 편지를 보내왔다.

'여기에는 오직 한 길밖에는 없다는 사실을 명심해야 합니다. 군에서는 아빠가 얼마나 많은 돈을 가지고 있는지는 문제가 아닙니다. 왜냐하면 우리는 모두 한 배를 타고 있기 때문입니다. 만일 내가 유명한 알렉산더 대왕과 같은 군인이라면, 배론도 마찬가지입니다. 우리는 진실로 그런 군인입니다. 여기는 자립심을 키울 수 있는 좋은 곳입니다.'

힐튼은 편지를 읽고 나서 아버지로서 긍지를 느꼈다. 그는 두 아들이 절대로 실패하지 않도록 도와 달라고 하나님께 기도했다. 제대하고 돌아왔을 때 아이들은 군 복무 덕택으로 놀랄 만큼 달라져 있었다.

힐튼은 두 아들에게 간청하다시피해서 대학에 입학시켰다. 닉은 로욜라 대학에 갔지만 학업보다는 사업에 더 관심이 많았다. 그래서 그는 몇 개월 후에 학교를 그만두고 시카고로 가서 밥 윌리포드가 운영하고 있던 스티븐스 호텔에서 일하게 되었다. 배론은 산타마리아 대학까지 비행기로 통학했다. 자신의 아버지 거스 힐튼은 그 옛날 도보로 다녔고, 자신은 말을 타고 학교를 다녔지만, 자신의 아들은 자가용 비행기를 타고 학교를 다녔다.

세계로 눈을 돌리다

힐튼은 자녀들에게 이런저런 문제가 조금씩 있었지만 그럴수록 사업에 더 많은 신경을 썼다.

어느 날 힐튼은 시카고의 호텔업자 아놀드 커케비와 만날 일이 생겼다. 커케비와 세상 돌아가는 얘기를 하다가 그가 불쑥 제안했다.

"코니, 타운 하우스Town House를 인수할 생각이 있으십니까?"

이 유능하고 빈틈없는 호텔업자가 왜 자신의 호텔을 팔려 하는 것일까? 호텔업자라면 누구라도 수목이 짙푸르게 우거진 공원 옆에 있는 그 사치스런 호텔을 마다하지 않을 것이다. 그러나 힐튼은 직감적으로 먼저 그 호텔에 대해서 철저히 조사를 해보아야 할 필요가 있다고 생각했다.

타운 하우스를 조사해본 결과, 그곳은 옛날과 달리 손님들이 없이 텅 비어 있었다. 그곳은 동부 호놀룰루와 가까웠는데 그곳 주민들은 진주만 폭격 이후 불안에 떨고 있었다. 밤하늘에는 서치라이트가 비치고 있었고 수마일의 해안도로에는 항상 순찰차들이 돌아다니고 있었다. 힐튼은 호텔이 왜 한산한지 알 수 있었다. 그럼에도 그는 타운 하우스가 3백만 달러의 가치는 있다고 생각했다. 이것을 살 것인가 말

것인가. 힐튼은 결정을 하고는 즉시 아놀드 커케비에게 전화를 걸어 호텔을 인수하겠다고 말했다. 커케비는 빈틈없는 사람이었다. 그가 말했다.

"받아들일 수 있는 충분한 인수 금액을 말씀해보십시오."

힐튼이 말했다.

"알겠습니다. 그러나 현재로선 나에게는 위험 부담이 많습니다."

커케비가 재촉했다.

"얼마를 줄 것인지 말해보십시오."

힐튼은 눈을 감고 심호흡을 한 번 하고 난 후 대답했다.

"75만 달러를 드리겠습니다."

커케비가 불평하며 완강하게 말했다.

"92만 5000달러를 내십시오."

힐튼이 말했다.

"사장님의 호텔은 텅 비어 있습니다. 제가 오늘 그곳에 갔다가 왔습니다."

커케비가 다시 말했다.

"90만 달러만 내십시오."

"80만 달러를 드리겠습니다."

커케비가 조금 더 올려서 말했다.

"그럼, 5만 달러만 더 내십시오."

힐튼이 흔쾌히 승낙하며 말했다.

"좋습니다. 그렇게 하겠습니다. 오늘 당장 85만 달러짜리 수표를 끊어서 보내드리겠습니다."

그 가격은 전시에 적당한 가격이었다. 힐튼은 전쟁 중에도 이익을 낼 수 있는 금광을 하나 쉽게 얻었다. 그에게는 아이디어가 있었다. 그는 이 호텔에 해군과 해병대도 사용할 수 있도록 테니스 코트와 해변에서 실어온 모래로 수영장을 만들었다. 그리고 호텔 주위에 최고급 식당을 만들었다. 해군과 해병대가 일본군이 침입하지 못하도록 앞바다를 지키고 있었으므로 손님들이 다시 호텔로 몰려들었다.

힐튼은 자신의 사무실을 타운 하우스로 옮겼다. 1941년에 아놀드 커케비는 이 호텔에서 이익을 3만 3000달러밖에 얻지 못했으나 힐튼은 인수한 첫 해에 19만 달러의 이익을 얻었다. 그후로도 타운 하우스는 한 해의 수익이 25만 달러 이하로 떨어진 적이 없었다.

타운 하우스를 운영하던 초기부터 멕시코의 부호 라구에떼 형제들이 놀러오곤 했는데, 그들은 홀리오 라구에떼와 루이스 라구에떼였다. 이들의 할아버지는 유명한 루이스 테라사스 장군이었다. 그들은 피서차 이곳까지 와서 돈을 펑펑 쓰다 가곤 했다. 어느 날에는 두 사람이 찾아와 만찬을 나누면서 사업 얘기를 하다가 힐튼에게 자신들이 가진 호텔

하나를 세주고 운영할 수 있느냐고 말했다. 만일 그렇게 하겠다면, 호텔 이름을 팔라시오 힐튼이라고 하겠다고 했다. 힐튼은 그들의 호텔을 살펴본 후에, 그렇게 하겠다고 말했다. 주말마다 안내원을 태운 버스를 사방으로 순회하게 하여 호텔을 대대적으로 선전한다면, 전망이 있을 것이라고 생각했다. 일반적인 사업 얘기는 주로 홀리오와 상의했다. 힐튼은 최종적으로 계약서에 서명하기로 결정했다. 서명하는 자리에는 루이스도 함께 참석했는데 그가 계약서를 보면서 임대료 같은 조건들을 물었다. 힐튼이 그에게 말해주자 다시 그가 물었다.

"그럼, 세금은 누가 냅니까?"

"당신들이 내야 합니다. 땅주인이니까요."

"보험료는 누가 냅니까?"

"그것도 당신들이 내야합니다. 이 호텔이 당신들 재산이니까요."

그들이 당황해하자, 힐튼은 그들을 진정시키기 위해서 미국 정부가 전쟁으로 그들 나라에 1억 달러를 원조할 것이라는 정보를 알려주며 위로했다. 그러나 루이스가 엄숙하게 말했다.

"이 모든 공과금은 당신이 내야 합니다. 당신들은 우리로부터 텍사스를 갈취하지 않았나요? 뉴멕시코도 그렇지 않나요? 애리조나와 캘리포니아도 그렇지 않나요?"

그러자 훌리오가 끼어들어 루이스를 설득했다. 그리고는 훌리오가 먼저 서명을 했다. 그러자 루이스도 마지못해 서명했다.

팔라시오 힐튼 호텔을 운영할 때, 힐튼은 잡지를 읽다가 언젠가는 세계 어디에서나 호텔사업을 시작할 수 있으리라는 생각을 했다. 그 잡지에는 이런 구절이 있었다.

'만일 사업이 국경을 넘어가지 않는다면, 군대가 국경을 넘을 것이다. 그러나 사업이든 군대든 국경을 넘는다는 것은 결코 쉬운 일이 아니리라.'

†

나는 원대한 꿈을 갖고 있었다. 자금을 구하러 다니던 와중에도 잡지에서 뉴욕의 월도프 아스토리아 호텔의 사진을 보고 그 호텔을 손에 넣겠다고 결심했다.
그 꿈은 나를 앞으로 나아가게 하는 힘이 되었다.

콘래드 힐튼

Chapter 14

꿈은 한계가 없다

기도와 꿈

1943년 봄, 힐튼은 뉴욕 센트럴 역 근처에 있는 루스벨트 호텔을 사들였고, 10월에는 740만 달러를 주고 플라자 호텔을 사들였다. 루스벨트 호텔은 23층 건물로 객실 1079개를 지닌 소박한 호텔이었다. 그러나 플라자 호텔은 센트럴 파크 남쪽 끝에 위치한 전통을 중시하고 보수적인 손님들이 애용하는 호텔이었다. 대공황시절에도 이 호텔이 파산을 면한 것은 수많은 단골손님들 덕분이었다. 그들은 플라자 호텔을 사랑했고 그들은 그것을 축복했다.

그러나 이 호텔도 지은 지 40년이 다 되어가자 페인트칠은 퇴색되어 있었고, 대리석은 모래 바람으로 인해서 풍화되고 있었다. 또 실내 장식은 뒤떨어지고 연관 시설과 승강기는 잘 작동되지 않았다. 플라자 호텔은 수리가 필요했다.

힐튼은 호텔을 빨리 수리하지 않으면 몰락을 면치 못할 것 같다고 생각했다. 헌돈을 불러 호텔 수리에 대한 조언을 듣고는 바로 진행하여 호텔을 새롭게 단장시켰다. 결국 수리비로 600만 달러가 지출되었다.

힐튼이 플라자 호텔을 인수했을 때는 전체 객실 중에서 60퍼센트만 손님이 숙박했다. 그러나 수리가 끝나기도 전에 이미 호텔의 객실 중에는 손님이 없는 객실이 하나도 없게 되었다. 플라자 호텔 인수는 대성공이었다.

스티븐스 호텔이 시카고에서 가장 큰 최대의 규모를 자랑하는 호텔이라면, 뉴욕의 월도프 아스토리아 호텔은 미국에서 가장 위대한 호텔이었다. 힐튼은 월도프 아스토리아 호텔을 너무도 갖고 싶어 했다. 그러나 월도프 아스토리아 호텔를 인수하는 것은 결코 쉬운 일이 아니었기에 접근하기 위해서 먼저 교두보를 만들어 놓을 필요가 있었다.

힐튼은 월도프 아스토리아 호텔 주식을 사 모으기 시작했다. 주가는 1달러당 4.5센트까지 하락했지만 떨어지면 떨어지는 대로 꾸준히 사들였다. 힐튼이 주식매수에 열중한다는 소문은 브룩클린 전역에 퍼졌다. 사실 그는 호텔 경기가 더 좋아질 것을 예감하고 있었다. 그러나 동부 호텔업자들이 보는 관점은 달랐다. 그들은 대공황의 소용돌이 속에서 많은 호텔들이 도산하는 것을 눈으로 봤기 때문에, 전쟁에 따

른 군수산업의 활성화로 경제는 활기를 띠었지만 원가상승
과 물가불안으로 불안의 요소가 있다고 생각했다.

어느 날 힐튼은 어떤 중개업자가 전화하는 것을 우연히 듣
게 되었다.

"웬 촌놈이 월도프 호텔 주식을 8센트까지 올려놓았어. 사
람들이 그걸 처분하느라 정신이 없어. 오래간만에 호텔 주
를 쥐고 있는 사람들이 즐거워하고 있어."

호텔업이 서서히 회복의 기미를 보이고 있었다. 힐튼이 이
직감을 놓칠 리 없었다.

힐튼은 1946년에 힐튼 호텔 주식회사를 창설했다. 1년 후
에 힐튼 주식은 뉴욕 증권거래소에 상장되어 거래되기 시작
했다. 그것은 역사상 처음으로 호텔 주株로 신용을 얻었다.
주식회사 설립으로 효율적인 경영을 할 수 있었다. 멕시코
치와와에 있는 팔라시오 힐튼 호텔과 지배인이 소유주로 있
는 롱뷰 호텔을 빼고 총 9개의 힐튼 호텔이 힐튼 호텔 주식
회사로 결합되었다. 그 때까지 각각의 호텔을 각자 지주를
갖는 독립체로서 운영해 온 체제를 바꾸어 하나로 통합해
경영을 하기 시작했다. 그리고 점차 힐튼 호텔이 늘어나면
서부터는 주주를 보호하기 위해 보통주와 우선주로 나누었
다. 물론 힐튼은 대주주였다. 그가 각 호텔에 투자했던 총 자
본금은 223만 8456달러였는데, 주식회사로 바뀌면서 얼마

지나지 않아 919만 3069달러로 늘어나 있었다. 힐튼과 함께 역경을 헤친 사람들은 모두 회사 간부로 승진을 하거나 책임자가 되었다. 과거 열쇠 담당자로 일했던 밥 윌리포드는 댈러스 힐튼의 수석 부사장과 중부지역 책임을 총괄하는 부사장이 되었다. 벨보이로 근무하던 레드 엘리슨은 서부지역 부사장, 스티븐스 지배인으로 있던 조 빈스는 동부지역 부사장이 되었다. 대공황 시절 힐튼과 함께 1센트라도 절약하려고 머리를 싸매던 J. B. 헌돈은 주식회사 재무담당 부사장으로 임명되었다.

1946년 12월, 힐튼 호텔 주식회사는 별 어려움 없이 메이플라워 호텔을 또 인수했다. 힐튼은 그때까지 사용해온 표어를 '미니맥스(최소의 요금으로 최대의 봉사를)'에서 '방방곡곡 어디에서나(Across the Nation)'로 바꾸었다.

그 이듬해 6월, 힐튼의 어머니 메리 로퍼스와일러 힐튼 여사가 별세했다. 향년 85세였다. 그녀는 남편 거스 힐튼이 묻혀있는 소코로 공동묘지에 안치됐다.

한 신문에서 그녀의 별세에 대해 특종기사를 실었다.

'힐튼 부인은 세상의 소금이었다. 왜냐하면 그녀는 수많은 세월 동안 싱거운 세상에 대해서 소금의 필요성을 수시로 강조했기 때문이다. 메리 힐튼과 같은 여자들이 이 나라에 살다가 별세한 것은 진실로 다행이 아닐 수 없다. 그러나 그녀와 같은 완전한 여자는 두 번 다시 찾아볼 수가 없을 것이기 때문에 우리는 한동안 슬픔을 금치 못할 것이다.'

그녀가 남긴 상자 속에는 추억이 담긴 물품들이 담겨 있었다. 힐튼은 그것을 보면서 오랫동안 슬픔에 잠겨 있었다.

월도프 아스토리아 호텔은 뉴욕 맨해튼의 한 가운데 우뚝 솟은 세계 최대의 2200여 객실 규모에다 세계 최초의 마천루호텔이었다. 정통 아르데코 양식의 라임스톤 건물은 뉴욕에서 가장 아름다운 건축물로 꼽혔다.

1931년 10월 1일, 월도프 아스토리아 호텔이 새로 개관하던 날, 뉴욕과 미국은 오랜만에 축제 분위기였다. 수천 명의 고객이 호텔을 메웠고 초대형의 호화스런 연회장은 잘 차려입은 귀부인들로 넘쳐났다. 후버 대통령은 워싱턴에서 축하 메시지를 방송하였고 이를 듣기 위해 2만 명의 군중이 호텔 주변에 운집하였다. 파크 애비뉴와 렉싱턴 애비뉴 49번가와 50번가로 구획되는 한 블록 2200여 평 전체가 호텔이었다. 로비의 인테리어는 고색창연했고 사방으로 입구가 있어 마치 미로 같았다. 프런트데스크 앞의 바닥에는 아르데코 풍의 타일모자이크 그림이 있었다. 루이스 리갈Louis Rigal이라는 사람의 '휠 오브 라이프'Wheel of Life라는 작품인데 뉴욕에서 가장 아름다운 타일작품으로 명성이 자자했다.

이런 호텔은 명성 못지않게 많은 일화를 가지고 있었다.

특히 호텔의 초대 총지배인이었던 조지 C. 볼트에 관련된 일화는 호텔 역사에서는 신화적이었다.

어느 날 새벽 1시경 미국 필라델피아의 작은 호텔에 노부부가 찾아와 하룻밤 투숙할 것을 요구했다. 호텔의 접수 담당자는 난처해하며 말했다.

"지금 이곳에서는 세 건의 컨벤션이 열려 호텔마다 초만원입니다. 저희 호텔도 만원이지만 지금 시간이 새벽 한시인데다 비까지 내리고 있으니 두 분을 밖으로 나가게 할 수도 없군요. 괜찮으시다면 제 방으로 들어가 쉬시지요."

조지 C. 볼트는 선뜻 자기가 기거하는 방을 내주었다. 다음날 아침 노부부는 지난밤의 그 친절한 종업원을 찾아 인적사항을 적었다.

"당신 같은 젊은이는 미국에서 제일가는 호텔의 매니저로 일해야 마땅할 사람입니다. 언젠가 내가 당신을 위해 그런 호텔을 하나 지어 드리지요."

그 젊은이는 싱긋 웃으며 대수롭지 않게 받아넘겼고, 그 사실을 까마득히 잊은 채 다시 2년의 세월이 흘렀다. 어느 날 청년은 2년 전의 그 노부부로부터 초청장과 함께 뉴욕왕복차표가 들어있는 한 통의 편지를 받았다. 초청장을 가지고 뉴욕에 도착한 젊은이를 시가지의 한 곳으로 데리고 간 노인은 거기 새로 지은 한 고층건물을 가리키며 말했다.

"이 건물이 바로 내가 2년 전 당신에게 약속했던 호텔이오. 오늘부터 당신은 이 호텔의 총지배인입니다"

뜻밖의 일에 어리둥절한 젊은이는 2년 전의 일을 다시 더듬어 보았다. 이렇게 해서 '조지 C. 볼트'라는 젊은이는 윌리엄 월도프 아스토에 의해 당시 세계 제일의 월도프 아스토리아 호텔의 초대 총지배인이 되었다.

월도프 아스토리아 호텔은 두 개 회사의 소유로 되어 있었다. 한 회사는 호텔을 세우고 운영하기 위해 창설된 '호텔 월도프 아스토리아 주식회사'이고 다른 하나는 호텔 부지의 소유주인 '뉴욕 주 부동산 중개회사'였다. 더군다나 이 부동산 중개회사는 호텔이 세워질 때 1000만 달러를 빌려주었기 때문에 막강한 권한을 쥐고 실력행사를 하고 있었다. 따라서 이 호텔을 힐튼이 인수하려면 두 회사와 협상을 해야만 했다. 그러기 위해서는 자금은 물론이고 시간과 인내를 비롯해서 많은 것이 필요했다. 힐튼은 이 호텔에 대한 특집기사를 오려서 오랫동안 간직하고 있었고 언젠가는 자신이 이 호텔을 소유하겠다는 꿈을 키워오고 있었다. 그러나 어느 모로 보아도 월도프 호텔을 쉽게 인수할 수 있는 것이 아니었다. 힐튼은 월도프 호텔을 갖고 싶었고 또한 그것이 위대한, 성공적인 호텔이 될 수 있다는 것을 확신하고 있었다.

모든 구매하려는 사람은 가능한 한 가격을 깎아서 사고 싶고 판매하려는 사람은 가능한 한 이익을 많이 남기고 팔기를 원한다. 그러나 무엇보다 중요한 것은 팔려는 사람에게 팔아야할 이유가 있어야 한다. 뉴욕의 파크 애비뉴에 스핑크스처럼 앉아있는 월도프 아스토리아 호텔은 호텔사업자들 사이에서는 신비스러움 그 자체였다. 이 호텔은 운영난으로 속은 곪아있으면서도 겉으로는 위엄과 권위를 부리는 사치스런 제왕과도 같았다.

월도프 아스토리아 호텔의 이름은 사치의 상징이었고 가장 좋은 것으로 통했다. 모든 신혼부부들은 이 호텔에서 주말을 보내기를 갈망했다. 아인슈타인도, 영국의 윈저 공도, 웨일즈의 왕자도, 네덜란드의 여왕도, 노르웨이와 스웨덴, 덴마크의 왕자와 왕비 그리고 타이의 왕도 이 호텔에서 묵었다. 그러나 힐튼은 이 호텔의 실권을 가진 자들이 호텔을 팔고 싶어 한다는 속사정을 간파하고 있었다. 이 호텔은 대공황 시절에 태어나 악전고투하며 버텨오고 있지만 이제까지의 운영실적은 쏟아 부은 자금에 비하면 푼돈에 지나지 않았다. 호텔을 소유하고 있는 두 회사는 빚더미에 앉아 있었지만 겉으로는 태연한 척 상류층 귀족답게 강한 자존심으로 버티고 있었다. 그렇다고 저 제국이 몰락할 때까지 마냥 기다릴 수만은 없었다. 힐튼의 나이도 벌써 환갑에 가까워오고 있었다. 그러나 힐튼 호텔의 이사들은 월도프 아스토리아 호텔의 장부들을 살펴본 후에 전망이 없다는 의견을 내놓았다.

조 빈스는 월도프 아스토리아 주식회사에 대한 실권이 있는 월가의 사람들을 만나러 다녔고, 또한 힐튼은 월도프 호텔의 대지에 실권이 있는 사람들을 수시로 만났다. 그들을 다루기가 쉽지 않았다. 호텔을 인수하기 위해 밀고 당기고 씨름했다. 그리고 공격하고 대결하고 방어했다. 협상이 난항에 부딪혀 돌파구가 보이지 않자 중역회의에서도 힐튼이 이 호텔을 인수하려는 것에 반대의견을 내놓았다. 팔머 하우스를 인수할 때 자금을 대준 시카고 제일은행장 네드 브라운은 중역의 한 사람인 파라마운트 영화사 부사장 프랭크 프리먼을 통해 월도프 호텔을 사지 말도록 충고했다.

힐튼은 회사 사장이긴 했지만 이사들의 동의 없이는 어느 사업도 할 수 없었다. 그는 월도프 호텔을 인수할 기회를 얻기 위해 6년간을 기다리며 주식을 사 모았다. 그러나 일이 담보상태에 빠지자 그는 시야를 해외로 돌려 몇 년간을 부지런히 런던, 파리, 스페인을 오가며 해외확장을 계획했다. 그리고 국제 힐튼 호텔회사를 만들어 빌 어윈을 불러다 책임자로 앉혔다. 힐튼이 해외로 사업을 확장하기 위해 분주하게 뛰어다니다 뉴욕에 돌아와 보니 월도프 호텔을 인수하고 싶어 하는 경쟁자가 있다는 소리를 들었다. 지금 서두르지 않는다면 두 번 다시 평생 기회가 오지 않을 것 같았다. 이사들은 여전히 힐튼의 열정을 이해하지 못하고 있었다.

힐튼은 30년 전에 시스코에서 처음 호텔을 살 때처럼, 자신이 가지고 있던 돈을 선금으로 지불하고 잔금은 모금해서 지불하는 자신 만의 방식대로 움직이기 시작했다. 힐튼은 월가의 거물로 알려진 어느 사람에게 전화를 해서 그의 사무실로 방문하겠다고 하자, 그가 말했다.

"오늘 오후 1시 30분에 오십시오."

정각 1시 30분에 그의 사무실로 찾아간 힐튼은 그에게 월도프 주식회사의 주식 24만 9024주를 한 주당 12달러에 사겠다고 제안했다.

"나는 24시간 안에 이 주식들이 필요합니다. 우선 여기 10만 달러가 있습니다."

그가 말했다.

"이 문제는 나 혼자 결정할 수 없고 다른 사람들에게도 통보를 해야 합니다. 48시간만 여유를 주십시오."

"좋습니다. 기다리겠습니다."

힐튼은 48시간 이내에 현금을 주고 원하던 주식을 구입했다. 이제 남은 일은 최종적인 협상을 하기 전까지 자금을 모으는 일이었다. 그러기 위해서는 회사의 이사들을 설득해야 했다. 결국 이사들도 힐튼이 주사위를 던지는 것을 보고 '못

말리는 사람'이라며 호텔 인수에 동의했다. 중역회의를 열고 즉시 인수조직을 만들었다. 힐튼은 바쁜 와중에도 매일 아침마다 교회에 가서 하나님께 기도를 드리는 것을 잊지 않았다. 힐튼은 자서전에서 이렇게 말했다.

'나는 여전히 하나님께 찾아가서 기도를 드리는 것은 사람의 투자 중에서 최고급 투자라는 사실을 잘 알고 있었습니다 ─ 진실로 나는 기도 없이는 아무것도 해낼 수가 없었습니다.'

힐튼은 오래전부터 해오던 방식대로 동업자를 구하기 시작했다. 먼저 일리노이 주의 디어 앤 컴퍼니 사장 찰스 위먼이 25만 달러를 투자했다. 또한 필라델피아의 한 투자자는 50만 달러를 내놓겠고 말하고는 시간을 질질 끌었다. 그는 월도프 호텔에 물품을 납품하고 싶어 했다. 이에 대해 힐튼은 생각해 보겠다고만 말했지만 그는 확답을 원하고 있었다. 힐튼은 시계를 보다가 의자에서 몸을 일으키면서 이렇게 말했다.

"당신과의 얘기는 이것으로 끝내겠습니다."

일과 후의 일은 이제 질색이었다. 더군다나 필라델피아 투자자는 변호사를 두 명이나 대동하고 오는 꼴이 맘에 들지 않았다. 힐튼은 당장 50만 달러가 필요했지만 필라델피아의 투자자의 돈은 단호하게 거절했다. 조 빈스가 힐튼에게 만족하며 행복하다는 듯이 말했다.

"코니, 우리 모두 당신을 자랑스럽게 생각하고 있습니다."

그리고 다시 그는 힐튼에게 말했다.

"그런데, 돈은 어떻게 구하실 건가요?"

"아직은 나도 잘 모르겠어. 그러나 어떻게 해서라도 구해야지."

다음날 아침 8시에 헨리 크라운이 찾아왔다. 힐튼은 그와 커피를 마시면서 그동안 일어났던 일들을 말해 주었다. 이야기를 마친 힐튼이 말했다.

"헨리, 내가 이 호텔을 인수할 수 있도록 50만 달러를 빌려주십시오."

그는 힐튼에게 팔머 하우스를 인수할 때, 어려움에 처했을 때 도움을 아끼지 않았던 사람이었다. 헨리 크라운이 선뜻 대답했다.

"그렇게 하지요."

'월도프 아스토리아 호텔을 산 사람!'

1949년 10월 2일, 힐튼은 뉴욕의 월도프 아스토리아 호텔을 산 사람이 되었다. 그것을 사기 전까지는 절대로 살 수 없을 것이라 생각했지만 결국 그의 의지대로 해낸 것이다.

호텔을 인수한 날 밤, 비가 오고 있었으나 힐튼은 비를 피하려는 생각도 없이 스스로도 잊은 채 무념무상의 모습으로 이 호텔의 처마 밑에 서 있었다. 도어맨이 손님을 택시에 태위 보내느라 바쁘게 움직였다. 유명한 광고 전문가인 아서 포리스톨이 힐튼의 옆에서 조심스레 말을 했다.

"우리는 여러 번 우리의 차례를 놓쳤습니다."

힐튼은 감격하고 있었다. 그의 가슴속에서는 찬란한 빛이 넘치고 있었다. 그동안 힘들었던 피로감이 씻은 듯이 사라져 버렸다.

첫 해에 월도프 아스토리아 호텔은 100만 달러의 이익을 남겼다. 이사들은 월도프 호텔을 힐튼 호텔 주식회사로 편입시키는 절차를 밟았다. 그리고 점차적으로 수입도 계속 늘어나 투자금도 완전히 청산하게 되었다. 덩달아 호텔 주가도 상승했다. 힐튼은 자신이 월도프 호텔을 인수한 것을 인생의 절정이자 종말인 것같이 생각했다. 이제 힐튼의 인생에서 더 이것보다 더 놀라게 할 만한 것은 없을 것 같았다.

아서 포리스톨이 힐튼에게 '미래가 없는 사람'이라고 말했다. 그러자 힐튼이 섭섭하다는 듯이 말했다.

"왜 그렇게 생각하시나요? 하늘은 높습니다."

아서 포리스톨이 의미심장하게 말했다.

"알고 있습니다. 하늘에는 버킹엄 궁전이나 바티칸이 항상 있는 것입니다."

그러나 힐튼은 계속 일하고 기도하고 꿈꿀 수 있는 능력이 있는 한 자신의 영역을 계속 확장시킬 수 있다는 사실을 잘 알고 있었다. 힐튼은 아직 쉴 때가 아니었다. 월도프 호텔 인수 이전이나 인수 후에도 사업을 더 넓혀나갔다. 세계 곳곳에 호텔을 세울 수 있는 나라는 많았다.

　1950년 초에 힐튼은 헌돈과 잠시 스테틀러 호텔 계열사에 관심을 가진 적이 있었다. 스테틀러 호텔 계열사는 이미 완공된 8개의 호텔이 있었고, 또 새로 짓고 있는 2개의 호텔이 더 있었다. 이 호텔들은 대공황 속에서도 꿋꿋하게 버틴 유일한 호텔이었다. 모두 쟁쟁한 명성과 건실한 운영 상태를 유지하고 있는 이 호텔들을 팔려고 내놓았다는 것은 놀라운 사건이었다. 힐튼은 병원에 입원 중인 헌돈을 찾아갔다.

　"헌돈, 놀라운 일이야. 스테틀러 호텔을 팔려고 하다니. 저것들을 우리가 인수해야 할텐데……. 우리 손에 넣을 수 있게 되겠지?"

　늘 신중하게 재고 또 재며 꼬투리를 잡는 습관이 있는 헌돈도 이번만은 반대하지 않았다.

　"코니, 나도 그렇게 생각해. 시기가 온 것 같아."

　그는 병에 걸려 6개월쯤 앓아서인지 퍽 쇠약해져 있었다. 그는 추억을 더듬고 있었다.

　"코니, 생각나나? 차비도 없던 그 어려운 시절을 생각해보면 지금의 성공은 너무 행복하네."

　"힘내게, 헌돈."

그는 힐튼이 병실을 나가려할 때 불렀다.

"코니, 스테틀러 건을 부탁하네. 서두르게."

헌돈은 얼마 후, 지병으로 죽었다. 1953년 1월 4일이었다. 힐튼은 대공황 시절에 헌돈과 함께 경험한 가슴 아픈 추억들을 절대로 잊을 수가 없었다.

스테틀러 인수를 빨리 서둘지 않으면 안 될 것 같다는 기별이 뉴욕에서 왔다. 스테틀러사 중역회의에서 뉴욕의 부동산회사 웹 앤 넵 사가 매입할 예정이라고 발표해버렸기 때문이었다. 늦은 게 아닐까. 죽은 헌돈이 서두르라는 주의를 주었지만 이런 급한 매각은 예측할 수는 없는 일이었다. 그러나 아직은 늦지 않았다고 힐튼은 판단했다. 스테틀러 자산 평가액이 1억 1100만 달러이기 때문에 자금동원에는 시일이 걸리겠지만 아직 중역회의에서 공표만 했을 뿐 계약체결이 이루어진 것은 아니었다. 그때 그의 머릿속에서 아이디어가 떠올랐다.

'배를 놓치기 전에 타야한다'

힐튼은 스테틀러사의 창업자의 미망인인 엘리스 스테틀러 부인을 찾아가 말했다.

"부인! 웹 앤 넵 사는 부동산회사입니다. 호텔경영 전문회사가 아닙니다. 그들은 호텔을 사들여 다시 누군가에게 이익을 붙여 팔아버릴 것입니다."

스테틀러 부인은 평생을 호텔경영에 몸 바친 남편의 훌륭한 내조자이자 솔직한 성격의 소유자였다.

"예. 나도 우리 호텔을 전문가에게 양도하고 싶습니다. 나도 평생 남편과 함께 우리 호텔들을 사랑했으니까요."

"부인, 제가 이 호텔을 인수를 하게 된다면 저는 아무것도 바꾸지 않고 당신들이 이룩해놓은 명성까지도 포함해 모든 것을 영원히 보존하겠습니다."

그녀는 힐튼의 말에 간결하게 말했다.

"나도 그것을 원합니다."

이것은 소유주의 간절한 뜻이었다. 이제 힐튼이 해야 할 일은 인수대금을 준비하는 것과 이사회를 설득하는 것이었다. 이사들은 반대하며 이구동성으로 말했다.

"당신은 과도하게 기회를 살리려는 경향이 있습니다."

이사 중 한 명인 월라드 케이스가 말했다.

"이런 식으로 과도하게 확장을 시킨다면 우리의 힐튼 호텔 주식회사가 궁지에 몰리지 않을까요?"

힐튼이 그에게 말했다.

"월라드, 이와 같은 기회는 두 번 다시 찾아오지 않을 것입니다. 지금 우리에게는 몇 개의 최고급 도시에 산재해 있는, 이미 우수성이 입증된 훌륭한 8개의 호텔을 살 수 있는 기회가 주어졌습니다. 그들은 이미 직원들, 명성, 그리고 단골손님들을 가지고 있습니다. 그들은 세련되었고 호텔은 잘 운영되고 있습니다. 그러므로 우리는 이런 기회를 살려야 합니다. 우리는 주먹구구식이나 과도한 모험심으로 호텔 사업을 할 필요는 없습니다. 그들은 또 두 군데의 최고급 도시인 댈러스와 하트포드에다 호텔을 세우고 있습니다. 우리는 배가 떠나기 전에 빨리 뛰어가서 타야 합니다."

월라드 케이스가 한숨을 내쉬었다. 이사들은 약해지고 있었다. 한 이사가 말했다.

"나는 가능한 한 사장님이 스테틀러 호텔을 인수하지 않는 것이 좋다고 생각합니다."

힐튼이 확고부동하게 말했다.

"나는 이 호텔을 꼭 인수해야 합니다. 왜냐하면 이런 기회는 두 번 다시 우리에게 주어지지 않을 것이기 때문입니다."

결국에는 힐튼의 원대로 기도가 응답되었다. 1954년 10월 27일에 힐튼 호텔 주식회사는 공식적으로 1억 1100만 달러에 스테들러 호텔을 인수하였다. 그것은 최고의 협상이었고, 힐튼의 생애에 가장 큰 부동산 거래였다.

힐튼은 평생 자기가 선택한 산은 반드시 정복했다. 꿈은 반드시 이루어진다고 믿는 신념으로 기도하며 개척해 나갔다.

일본의 진주만 공격으로 어수선하던 시절에 힐튼은 멕시코의 부호 라구에떼 형제가 맡긴 팔라시오 힐튼 호텔을 운영하면서 앞으로는 세계 어디에서나 호텔사업을 하게 되리라는 생각을 한 적이 있었다. 사업도 국경을 넘을 수 있는 것이다. 이제 호텔업은 세계 인종들이 서로 이해하는 화합하는 국제적인 선의의 기능을 갖춰야 한다는 생각을 하게 된 것이다.

그는 2차 세계 대전을 경험한 이후, 세계 평화를 위해 간절히 기도하다가 그는 호텔사업의 세계화를 결단했고, 전 세계의 지도자들이 힐튼 호텔에 모여 마음을 터놓고 대화하는 꿈을 꾸기 시작했다. 그는 비즈니스를 통해 세계가 하나로 엮어지면 전쟁까지도 줄어들 것으로 확신했던 것이다.

미국 내무성과 상무성은 힐튼 호텔 주식회사가 세계의 중요한 도시 도처에 미국의 호텔을 세우는 것은 정부의 해외 원조계획에도 공헌을 하는 것이라고 생각하여 좋아했다. 이렇게 해서 1946년 힐튼 호텔 주식회사에 속한 계열사 국제 힐튼 호텔회사Hilton Hotel International, Inc.가 탄생했다. 이 회사의 슬로건은 '전 세계 곳곳에(Around the World)'였다.

힐튼은 늘 자녀들에게 말했다.

'나의 비전이 한 곳에만 머문다면 인생은 끝난 것이나 다름없다. 비전이 클수록 경쟁자는 줄어든다. 더 큰 비전을 가져라. 열정이 없으면 권태와 실패가 찾아온다. 더 큰 열정을 가져라. 많이 얻는 자가 아니라 나누어 주는 자가 진정한 성

공자이다'

또 이렇게 말하기도 했다.

'돈이나 지위, 명예를 탐하다 보면 세계를 품는 비전을 놓치기 쉽다. 꿈의 사람은 현실을 넘어 넓은 세계와 탁 트인 미래를 바라보아야 한다.'

그즈음 배론이 결혼을 했다. 아들 가운데 제일 먼저 배론이 스무 살의 나이로 결혼을 한 것이다. 신부는 메리마운트 대학을 졸업한 LA 출신의 마릴린 하우레이였다. 그 후 아기가 태어났을 때 배론은 십대의 방황이 사라진 것 같았다. 배론이 어느 날 힐튼을 찾아왔다.

"아버지, 제 장래를 생각해 보았습니다."

"들어볼 테니 말해 보거라."

"이제 저도 가장이 되어 책임감이 생겼습니다. 안정된 직장이 필요합니다."

"그건 나도 안다. 네가 우리 호텔에서 일하겠다면 한 달에 150달러는 줄 수 있다."

"아버지, 저는 그런 월급이라면 어디에서도 일하고 싶지 않습니다. 생활비가 얼마나 필요한지 저는 계산해 보았습니다. 아내, 아기, 간호원, 요리사, 우리 다섯 명이 한 집에서 살아가려면 한 달에 최소한 1000달러가 필요합니다."

"너는 그렇게 생각할 수도 있겠구나. 그러나 그런 봉급을 달라고 요구하면 나는 너를 고용할 수는 없다. 나는 네가 그런 월급을 받을만한 가치가 있는지 아직은 믿을 수가 없다."

"그러시다면 할 말이 없군요. 가보겠습니다."

힐튼은 배론을 불러 세웠다.

"만일 네가 어떤 직장에서 1000달러를 받을 수 있다면 그렇게 하도록 해라. 그러나 내가 제시한 자리는 나중이라도 너와 다시 논의할 수도 있다."

배론은 아무 반응도 없이 나가버렸다.

그 후 배론은 친구와 함께 냉동 오렌지 주스를 만드는 회사를 만들고 판촉상무가 되어 한 달에 1000달러를 벌어들였다. 힐튼은 그것을 보고 안심이 되었다. 그러나 한편으로 자랑스럽기도 하지만 아들에게 무시당했다는 기분도 들었다. 배론은 모두 다섯 명의 아이를 낳았다.

힐튼은 장남 닉과 해군에서 제대한 동생 칼, 그리고 부사장 조 빈스 등 몇 사람을 대동하고 유럽을 다니며 호텔들을 둘러봤다. 호텔을 세운다는 입장에서 볼 때 제2차 세계대전 후의 파리나 런던보다는 피해가 적은 로마나 마드리드가 적합했다. 로마에서는 기독교계 이탈리아인들이 호텔을 갈망하고 있다는 사실을 확인했다.

세계에 힐튼 호텔을 세우겠다는 야망을 가지고 계획을 세우고 있던 어느 날 닉은 힐튼을 크게 놀라게 만들었다. 그가 갑자기 사무실로 뛰어와 영화배우 엘리자베스 테일러를 꼭 보셔야 한다고 말했기 때문이다. 힐튼은 아들이 농담을 한다고 생각했다.

어릴 때부터 재능을 인정받은 엘리자베스 테일러는, 명견 래시를 등장시킨 어린이 영화 〈기로〉에 출연하여 대스타가 되어 있었다. 또한 열세 살 때 녹색의 천사로 인기 스타가 되었다.

닉은 모든 수단을 동원해 그녀를 점심식사에 초대했고, 얼마 후에 그들은 서로 사랑에 빠졌다. 초승달처럼 가는 눈썹, 파란 눈동자를 가진 커다란 눈, 성적 매력이 넘치는 석고상 같은 완벽한 입술, 오뚝한 코, 가는 허리, 미끈한 다리. 그녀는 완벽한 미모를 지닌 배우였다. 닉과 테일러는 결혼을 했다. 결혼식을 마치고 테일러는 힐튼을 보며 말했다.

"항상 제가 꿈꿔 오던 호화스런 결혼식이었어요."

그러나 힐튼은 그들을 보며 걱정했다.

'만일 신부가 약간만이라도 아름답지 않은 여자였으면 얼마나 좋았을까. 만일 그녀가 영화배우가 아니라 백화점 점원이었다면 얼마나 좋았을까. 만일 닉이 좀 더 나이가 많았더라면, 좀 더 현명했더라면, 좀 더 고집이 약했다면 얼마나 좋았을까.'

두 사람은 4주간 일정으로 신혼여행을 떠났다. 모든 사람들의 부러움과 축복을 한 몸에 받고 떠난 초호화판 신혼여행이었다. 그들은 퀸엘리자베스 호를 탔다. 그러나 가는 곳마다 뉴스 초점은 테일러였다. 어디를 가나 연예계 기자들, 사진 기자들, 팬들이 쫓아다녔다. 그녀는 그것을 즐기는 여자였다. 때때로 사진 기자들이 신혼부부가 모닝커피를 마시기도 전에 진을 치고 기다리고 있었다. 닉은 화가 치밀어 짜증스러웠지만 참았다. 그러나 몹시 화가 나면 밖으로 뛰쳐나갔다. 그러면 그날 신문 가십난에 이런 기사가 실렸다.

'가련한 엘리자베스 테일러'

신혼여행에서 돌아왔을 때 신문에서는 그들의 별거 소식이 실렸다.

어느 날 닉이 화가 난 모습으로 힐튼의 사무실로 찾아왔다. 그가 말했다.

"나의 인생은 어항 속에 있는 금붕어에 불과한 것 같습니다. 신문들은 우리의 모든 것에 대해서 보도하고 있습니다. 그들은 우리가 배에 오를 때부터 내릴 때까지 전화를 받게 했습니다. 그래서 우리는 춤도 한번 제대로 출 수가 없었습니다. 내가 그들에게 전화를 받을 수가 없다고 말했지만, 테일러는 전화를 받아야 한다고 했습니다. 좌우간 우리는 어떤 것은 신문에 실지 말아 달라고 부탁했습니다. 그래도 그들은 그것을 신문에 실었습니다. 나는 더 이상 참을 수가 없습니다. 왜 그들은 우리를 가만 두지 않을까요?"

힐튼이 닉에게 말했다.

"닉, 그들은 그들의 일을 하고 있는 거다. 그것은 네가 유명한 여자와 결혼했기 때문에 대가를 지불하는 거야. 너희들 둘이 하는 것은 무엇이 되었든 뉴스야. 그들은 이제 너를 무시할 수가 없어. 너는 자제해야 하고, 명랑하게 협조해야 한다. 너는 무엇이 진실이며, 무엇이 거짓인지를 알고 있어. 만일 어떤 이가 헛소리를 기사화시켰다면 너는 그것을 딛고 일어서야 한다. 그것은 잔물결에 불과한 거야. 큰사람이 되어야지, 안 그래?"

이것은 힐튼이 아버지로서 하는 건전한 충고였지만, 아직 나이가 어린 닉은 그것을 쉽게 받아들이기가 어려웠다. 엘리자베스 테일러의 인기는 대단했다. 결국 둘의 결혼 생활은 7개월 만에 끝이 났다.

이혼한 닉은 음주운전으로 입건되는 등 한동안 방황하다가 스위스 로잔느에 있는 호텔학교를 졸업했다. 그 후 영화배우 케이시와 재혼해 안정적인 가정생활을 영위했다. 닉은 휴스턴의 연예계의 중심지에 있는 샴롯 호텔을 사들일 때 크게 공헌한 공로로 이사회에서 그 호텔의 부사장으로 선출되었다.

마드리드에서는 힐튼 회사의 자본으로 1953년 '카스텔라 힐튼 호텔'이 유럽 최초로 문을 열었고, 1955년에는 터키에서도 '이스탄불 힐튼 호텔'이 문을 열었다. 이 호텔은 다른 국제적인 호텔과 마찬가지로 그 나라 사람들과 저명한 방문객에게 사교와 외교상의 중심지가 되었다. 1956년에는 멕시코시티에 '콘티넨탈 힐튼'이 개업했다. 그 해 가을 힐튼은 미국 기독교유태교협회로부터 형제애상Brotherhood Award을 수상했다. 그 후부터 힐튼 호텔은 전 세계적인 확장에 박차를 가하기 시작했다.

1964년에는 하바나, 베를린, 몬트리올, 카이로, 런던, 빈, 도쿄, 로마, 트리니다드 토바고, 방콕, 아테네, 카라카스, 시드니, 베이루트, 파나마, 암스테르담, 브뤼셀, 홍콩, 등 전 세계 24개 호텔을 운영했다. 아시아 태평양지역에서는 1963년 홍콩 힐튼 호텔이 처음이었다. 한국에서는 1983년부터 힐튼 호텔이 서울과 경주에 세워졌다.

이 모든 호텔들은 힐튼이라는 브랜드를 사용하지 않고 역사적으로 고유한 그 지역의 명칭을 사용하더라도 각각 그곳의 문화와 세계적인 서비스가 결합되었다.

힐튼은 샌프란시스코 코먼웰스클럽의 강연회에서 세계 곳곳에 벌인 호텔사업을 어떻게 운영해 나갈 것인가를 묻는 질문에 이렇게 대답했다.

"힐튼 인터내셔널의 운영철학은 미국이 일방적으로 전 이익을 독차지하는 것이 아니라 외국 기업가들과 함께 사업을 하여 상호 이익을 나누는데 있습니다. 이익은 자유경제 체제를 추구하는 모든 국가의 기업들의 원동력입니다. 우리가 만일 자기 이익만을 추구하려들었다면 각 나라에서 골치를 썩이지 않고도 실현할 수 있었을 것입니다. 우리가 민주주의에 대해서, 공산주의에 대해서, 또 행복이 무엇인지에 대해서 말하고 있는 것처럼 우리는 미국인으로서 우리의 추구하고 있는 자유를 악이 침범하지 못하도록 능력을 사용해야 한다고 생각합니다. 우리 회사의 모든 조직과 사업은 전심전력으로 이 목적이 성취시킬 책임이 있다고 생각합니다."

힐튼은 호텔사업이 국가 간의 협력으로 상호 이익을 추구하는 데 공헌한다고 믿었다. 그 믿음이 옳았다는 사실은 푸에르토리코 '카리브 힐튼'에서 확인한 바 있었다. 실제로 푸에르토리코 정부는 호텔이 지어지기 전인 1947년의 관광객 수가 4만 명(관광수입 400만 달러)에서 1956년에는 16만 명(관광수입 2500만 달러)이 된 것은 '카리브 힐튼' 때문이라고 발표했었다.

반면에 로마의 '카발리에리 힐튼'은 개업일이 확정된 후에도 이탈리아 공산당 의원들의 방해를 받았다. '베를린 힐튼'이 세워질 때에도 공산주의자 신문에는 '여기를 보라, 호텔왕이 약탈을 자행하고 있다'는 기사가 나기도 했다.

위대한 고백

힐튼은 멕시코시티 '콘티넨탈 힐튼 호텔' 개업식에서 이렇게 연설했다.

"멕시코와 미국은 상호 협력이 정신으로 나아가지 않으면 안 됩니다. 나는 이 호텔을 여러분, 멕시코 사람들에게 바치는 바입니다."

힐튼은 호텔의 창업주로서 아프리카 식수 문제, 맹인 교육, 정신 지체자의 주거 문제 해결을 위해 재단을 설립하기 시작했다. 힐튼이 어느 대학에서 강연할 때의 일이다.

"여러분, 저는 오늘 꼭 해야 할 말이 있습니다. 너무나 오랜 세월 52년 동안을 숨겨온 일이 있습니다."

갑자기 좌중이 조용해졌다.

"제가 어릴 때 일입니다. 저는 그때 신문을 파는 소년이었습니다. 삼촌으로부터 플로라라고 부르는 말 한 마리를 빌려 중앙역에 도착한 신문뭉치를 찾아 배달하려고 새벽 일찍 마을을 지나가고 있었습니다. 아직 다 걷히지 않는 어둠속을 헤치며 말을 몰고 가다가 뜻하지 않게 커브 길에서 나오는 어느 행인과 부딪혔습니다. 그분은 땅바닥에 넘어져 흙투성이가 된 채 화를 내며 고래고래 소리쳤지요. 나는 사람이 크게 다친 걸 보고 플로라와 쏜살같이 도망쳤습니다. 그것은 플로라의 잘못이 아니라 내 잘못이었습니다. 그 후 여러 주 동안 경찰과 신문에서 사람을 치고 도망간 사람을 저주하고 비난했습니다. 저는 죄책감을 느끼면서도, 마을 다른 쪽으로 가서 신문들을 팔며 태연한 척하며 지냈습니다. 물론 아무도 내가 그런 사고를 일으켰는지 몰랐고 또 물어오지도 않았습니다. 나는 이 사실을 누구한테도 말하지 않고 지금까지 숨겨왔습니다. 심지어 어머니한테도 숨기고 살아왔습니다."

좌중이 물을 끼얹은 듯 더 조용했다.

"범인은 나였습니다. 이 늙은이 콘래드 힐튼. 나는 너무 늦었다는 것을 잘 알고 있습니다. 이 자리에 오늘 만일 그분이 여기 계시다면 사과를 하고 싶습니다."

이것은 힐튼이 일생에서 늘 마음 한구석에 남아있던 부끄러움이었다.

힐튼은 큰 성공으로 부자가 된 이후에도 어릴 적 어려웠던 시절을 잊지 않았다. 하나님이 주신 재물을 귀하게 써야 한다고 생각해서 1944년에 '콘래드 N. 힐튼 자선재단'을 설립해 장애인 등을 위한 갖가지 자선활동을 벌렸고, 그의 마지막 유언에서 자신의 재산을 재단에 전부 기부하도록 하였다. 힐튼은 1979년 향년 92세로 그의 저택이 있는 비버리힐즈에서 조용히 숨을 거두었다. 사후에도 힐튼 그룹은 창업주 콘래드 힐튼의 개척정신을 계승 발전시켜 나갔다.

1980년대 말에 힐튼 그룹은 미국 내에서 270개 이상의 호텔을 운영하는 유명 브랜드가 되었다. 1991년에는 미국 전역에 리조트를 개발하여 분양하는 '힐튼 그랜드 버케이션스'를 설립했고, 오헤어 공항에 있는 '오헤어 힐튼'을 인수하였다.

1993년에는 '시저스 월드', '서커스 엔터프라이시스'와 동업하여 캐나다에도 진출했다.

2010년 현재 힐튼 호텔은 76개국의 주요도시에 540개가 넘는 호텔 지점을 두고 있으며, 객실 48만여 개를 보유하고 있다.

†

기도란 하나님과 의사소통을 하는 것이라고 생각한다. 당신은 언제나, 밤이나 낮이나 하나님께 말할 수 있다. 그리고 당신의 말을 하나님이 분명히 들으신다는 사실을 알아야 한다. 무전기로 본부를 부를 때처럼, 우리는 하나님께 기도를 드릴 때 어떤 공식을 통해서 기도를 드리는 것이 아니다. 편지도 필요 없다. 당신은 하나님께 전하고 싶은 메시지를 자유롭게 전할 수도 있다. 당신은 어떤 것이라도 부탁드릴 수가 있다. 밀림 속에 있던 군인들처럼 당신은 언제라도 하나님께 도움을 청할 수 있다. 당신은 하나님이 당신에게 해준 것에 감사를 드릴 수도 있고, 현재의 고통과 당황스러움과 실망스러움을 하소연할 수도 있다. 아니면 당신이 세상에서 가장 행복한 사람이라는 말을 할 수도 있다.

콘래드 힐튼

콘래드 힐튼 연보

1887년 미국 뉴멕시코 주에서 아버지 거스 힐튼과 어머니 메리 로퍼스와일러 힐튼 사이에서 태어남

1913년 은행업에 진출

1917년 군에 입대하여 제1차 세계대전에 참전

1919년 텍사스에 있는 규모가 작은 모블리 호텔 인수, 호텔업계에 진출

1925년 달라스 힐튼 호텔 완공, 힐튼의 생애 첫 모험을 성공리에 끝냄

1930년 엘패소 호텔 완공

1943년 740만 달러를 들여 플라자 호텔 인수

1946년 힐튼호텔회사 재편으로 콘래드 힐튼은 1000만 달러의 주식 소유

1947년 힐튼의 어머니 메리 힐튼 여사가 향년 85세로 생을 마감

1949년 10월 12일 월도프 아스토리아 호텔 인수로 이목 집중

1954년 10월 27일 1억 1100만 달러에 스태틀러 호텔 인수

1979년 향년 92세로 생을 마감